流通・マーケティングの基礎

長谷川博／斉藤保昭／野木村忠度［著］

成文堂

序　文

　「生産（production）—流通（distribution）—消費（consumption）」という
3区分化での概念が、これまで長らく諸書にある。本書は、まずいえば、
それらを出所とする3区分に跨るマーケティング（marketing）や、その流
通という区分に、特化した専門の書である。

　区分するには、能記（対象の表記・名指しであり、これは5感を惹起してい
る）と所記（内包と外延）からなる概念の厳密化が、まずもって重要にな
る。また、内包（［共通］属性）と外延（内包の適用範囲である具体的例化、
唯一の1例化になるのは実体だ）は、周知のように反比例する。よって、区
分のための同類項化では、境界の線引き問題を伴う。

　何らかの区分に立脚して、
理論と実践についての専門を
標榜するしかないのだが、そ
こでの教えや研学における送
受信者は、果たしてどこまで
問答を繰り広げるものか。そ
こで、右図の区分がでる。

内容／形式　　　　難易度	入門	標準	先進
基礎や応用を、企業間競争の手段等に役立てる＜実用＞			
基礎を、実際の対象の状態や状況にあてはめる＜応用＞			
論理、原理（メカニズム、法則）、枠組化などの＜基礎＞			

　基礎——法則のように完全解ではないことのすべてに、倫理道徳由来な
どの命法を頂点としてさまざまな強制度の規範（⊃制度）がある——は、
＜現代化＞における根源の力であり生命線である。よって基礎は、実用を
ますます生かす方向へ、そして社会科学に限らず人文や自然科学に及ぶ専
門間の相互包摂関係を機能的にすら踏まえる先進の方向へと、絶えず浸潤
している。同図にある少なくとも5つのベクトルを、時代の大きな変わり
目以後の若い人々ほど、より真摯に俎上化する筈だ、とは思っている。

　こうして本書には、「見せたい・伝えたい—見たい・聴きたい」／「そん
なもんだと思わせる—思わせない」／「そんなもんだと思う—思わない」／
「愛情を灌ぐ—受け止める」における教えや研学を、理想を庇護するための

タブーを設けずに認めるという最低限の一致が、著者３人にはあった。とはいえ、以上のことが本書の特色や試みに通じていると十分に受け止めてもらえるには、今後の余地がないわけでもない。出版価格下での言わずと知れた紙幅制約から、各章では上図の網掛け領域についてといえど惜しむらくは濃淡差がある。一方、読者にとっては受験時代からの分岐する道を経て、たとえば歴史や倫理政経等についてすら定着度が異なるのも致し方なく、よって分かりづらくなる面が各章ごとに出てくるものだからである。

第１章では、「消費財」（consumer goods）の流通について、上図の網掛け領域を中心に、「商品集中（希少性）—非集中」への商〔対応〕が言及される。

第２章では、消費財マーケティングの現代的姿の確立過程と、マーケティング管理、そして4P（product, promotion, place, price）のそれぞれについて、上図の網掛け領域だけでなく、その他の領域にも向かって述べる。

第３章では、「生産財・産業財」（industrial goods）におけるグローバル／トランスという視点からの現実的帰納を踏まえ、売り手と買い手の関係・構造を解明するために現象学も取り入れて、市場［対応］に言及している。

第４章では、「組織—システム」／「個別企業の戦略—上位機関の政策」における相互介入の「限界／失敗」をこえて動いているこの世界にとっての、制度化を絶対視しない流通政策の基礎をいう。

第５章では、これからの時代以降では、標準的に固定されている区分によって過去もまともに問えないならば、未来すらが危ういと考えている。よってそこで、流通史に新たな視点を導入している。

第６章では、マーケティングやその他の経営機能というミクロと、マクロの相互包摂における診断学の重要性に着目し、本書の諸章をそれこそ横断する経営診断の総論と各論が言及されている。

さても、有機的な組織化における満足化や、機械的なシステム化における最適化において、意見の一致が50％前後に近づかないと駆動力の最大化が生じず、50％前後を上下降化するほど駆動力が平均化するので危ない。可能持続性の最重要点なのだが、こういうパラドクスに処すことを経験的に繰り返してきた者たちの間でないと、それぞれのバイアスをこえるよう

な理解の理解や、コミュニケーションのコミュニケーションは、なかなか発生しづらいものだ。ここからではあったが、マーケティングは現象学でもありインダストリアルも考える診断学でもあるという斉藤、流通史に政策を2階化するだけでマーケティング・イノベーションの可能性が持続化するのではないという野木村、そしてマーケティングにせよ実用が息を吹き返す基礎による保証の社会化をいう長谷川が、バーチャルはリアルを何ほど駆逐するのかと思いつつリモート会議もこなし本書は実現した。

　それもこれも、猿渡敏公先生（明治大学商学部教授　本書執筆時）が、長年月に亘りお招き下さった研学ツアーにおいて、3人3様にも教えを授かってきたからである。先生の古稀記念に、本書を捧げる。

　そして、こうしたわれわれに、ご理解を示して頂いた株式会社成文堂の小林等氏のご配慮には、一同が深く感謝している。

　　2021年2月5日

　　　　　　　　　　　　　　　　　　　　　　　　　著者一同

目　次

■ 第1章　流通の基礎 ■

　産業財や消費財が消費者に至るまでの流れの全体を、トランスベクション（交変換系＝交換と変換の交互連鎖）といい、サプライ・チェーン（供給連鎖）ともいう。このトランスベクションは、採取された資源に始まる「産業財が消費財生産者や流通業者に至るまで」の流れの範囲と、産業財により生産された「消費財が消費者に至るまで」の流れの範囲に区分できる。

　前者の範囲は第3章に譲り、本章では、後者の範囲をいう。したがって以下では、財貨（価値ある製品）が消費財生産者から消費者へ移転することである「流通」という、社会性を帯びる組織とシステムについて述べていく。社会性を帯びるというのは、「商（⊃マーケティング）-経営-経済-政治（政策）-法律（政令、省令）-文化-技術」（順不同）の機能的な相互包摂関係のなかでこそ、社会的役割を実現しているということである。

1.1　入門基礎

　生産力が、消費者の購買力を生むとは言われてきた。そして、流通力が消費者の購買力を生むとも言えるようになった。いまや、サービス力が消費者の購買力を生む。そして、生産力や流通力やサービス力を支えるのは、マーケティング力であり、マーケティング力が購買力を生むというかたちで、「消費財の生産-流通（⊃商業）-消費／使用」の関係に変化が見られるという認識は、とても重要である。この認識がないと、消費財の生産や流通の主体や、それら主体が生み出す客体（商品）の内実により冷徹に迫ることはできない。

1.1.1　生産、流通の発生と発達／発展

　みずからの共同体内で、生きるために必要な財貨のすべてが生産され、かつ消費される経済を自給自足経済という。しかし、人間の生活に必要な財貨

の生産は、自然などの環境と人間の能力という2つの基本的条件に制約される。そこで、みずからの共同体内で生産できない財貨への欲望を満たすには、それらを生産できる基本的条件を備えた他の共同体／経済単位が生産した財貨を獲得する必要がある。財貨の獲得方法には自給自足、略奪・闘争、懇願そして交換があるが、経済的な交換が、まずは共同体間の沈黙交換から対面交換に進んだ。

　財貨の交換では、一方から他方の経済単位への財貨移転に伴って、他方から一方へと対価物としての財貨が移転する。こうした相互的な移転があってはじめて、財貨の移転は経済行為となる。財貨の交換には、物々交換と貨幣的交換がある。財貨の交換が成立する基本条件には、①分業の存在、②欲望充足の必要性、③財貨の平和的移転、④相互欲求の同時一致がある。しかし、上記④の条件は、むしろ交換を妨げる制約条件ともなる。

　こうした制約条件を緩和および解消し、交換すなわち財貨流通の拡大に貢献したのが、貨幣の成立と、商人や商業者の成立である。財貨の交換は、まず、みずからが所有する財貨と「誰もが用いたがる特定財貨」すなわち貨幣を交換し、つぎに、この貨幣と他人が所有している財貨とを交換するという2段階で行われるようになる。ここに、再生産の契機もある。

　財貨の流通は、貨幣的交換による売買方式が普及し、直接流通から間接流通へと発達した。それには、巡回商でも定住商でも商人や商業者が、生産者と消費者の財貨交換の媒介役を果たし、多数の生産者から自由に入手した各種財貨を不特定多数の消費者へ販売することを専業としている。

　このような間接流通方式の下で、みずからが得意とし、商人や商業者ひいては消費者が欲しがる財貨の生産に専念するようになり、生産の分業化が発達、発展した。また、売買される財貨の種類や数量が増大してくると、商人や商業者の分業も発達、発展した。そして、複数段階的に商人や商業者が介在するようになり垂直的分業が生じ、同じ段階にある商人や商業者にも役割分担が生じて水平的分業化が生じた。

1.1.2　生産者、消費者、商業者

生産手段や財貨に対す私的所有の観念が確立するにつれて、共同体間での

財貨の交換は、家族経済間での交換に発達した。家族経済は、主として財貨の生産に従事する家族経済と、主として財貨の消費を行う家族経済に分化し、主として前者から後者へと、財貨は流通するようになった。そうして、財貨が、他者による消費を前提とし、しかも、利益の獲得を目的に生産されるようになると、その財貨は商品となる、とひとまずいっておく。

私有できる生産手段が乏しく、とはいえ同様の他者と生産手段を共有することもできず、みずからは財貨の生産は行わず、主として企業などに労働力を提供する家庭経済は、その見返りとして得られる報酬（賃金、貨幣）によって家庭経済・家計を維持する。こうして、企業が生産し供給する商品を購買して消費する経済主体のことを、消費者という。

生産は、既述の基本的条件の制約を受けるところから、①分業による生産の専門化、②有利な条件が整えられる堺所の追求による生産の地域的集中化、③規模の優位性（経済性）の追求による生産の大規模化、という基礎的特徴をもつ。現代の家庭経済は、財貨を購買し、これを消費／使用する主体として行為するだけではない。生産や流通のための労働力の主体としても、また、預金などが金融機関の融資に回ることや、企業が発行する各種の証券への投資を通じて、生産資本や流通資本の供給主体としても機能する。

現代に大衆が誕生して以後の消費者は、その消費行為の面でつぎを基礎的特徴とする。①生活水準（量と質）の向上を追求することによる消費の多様化／個性化、②みずからの労働力の提供によってより多くの貨幣所得が得られる地域での生活を追求することによる消費の地域的集中化、③夫婦と子供で構成する核家族化、さらには 2010 年の国勢調査で世帯の 3 割を超えた単身化の標準世帯化に如実に現れている消費の小規模化。

商人や商業者は、生産者や消費者との接触を常に維持し、これらの諸状態を多面にわたり把捉して、生産者から財貨を購買（仕入れ）し、保存・保管して、消費者に再販売する。このためには、多くの物的施設や設備や労働力、これらの管理能力を必要とし、集団企業体として経営される。なお、後述するが、資本的関係上で生産者や消費者から独立していると見做せる流通を専ら担う経済主体には、商人や商業者だけでなく多様な存在がある。そこで、このような個別経済主体を包括して、「商機関」というのが一般的である。

　商機関が果たす社会的役割（存立根拠）には、つぎの諸点がある。①商機関の介在によって［売買］取引回数が減少し、財貨の社会的流通費用を節約する（取引総数最小化の原理）。②直接流通において、生産者は、消費者の探索、取引関係の維持、取引に伴うリスク負担、財貨の在庫などに多くの資本や労働力をみずから投下するしかないが、それらの機能を代置できる商機関が介在すれば、財貨の生産行為に専念できる。同様にして、消費者の購買行為も容易になる。こうした機能代置を延期といい、逆にリスクを甘受する行為を投機という。投機のコストと延期のコストを比較して、機能分担が決まる（投機と延期の原理）。③商機関の品揃え行為や財貨の貯蔵、在庫、陳列によって、生産者のや消費者の財貨保有量は少なく済み、売上分散や無駄なストックというリスクを社会的に削減できる（リスク集中準備・プールの原理）。④消費者は多品種を小量ずつ必要とし、生産者は規模の経済を実現すべく少品種を大量に生産するという相対的傾向がある。そこで所有権移転と物理的移転の過程に並行して、つぎの4種の行為からなる商品分類取揃え（sorting）の過程が必要になってくる。同質的なものに分ける「分類・選別」（sorting out）、同質的なものを大量に集める「集積・集荷」（accumulation）、大きな単位にまとめられている同質的なものを小さな単位に小分けする「分割・分荷」（allocation）、買い手にとって望ましい組み合わせで異質なものをまとめる「品揃え」（assorting）。

　生産者（＝製造業）は有体財だけを、商業者は仕入れた有体財だけを、サービス業はサービス財だけを市場に商品として提供しているわけではない。**図1-1**にあるように、商品を取引の中心となる中核提供とその他の周辺提供の組み合わせとしてみておく。生産者の場合の中核提供は、あくまでも有体財である。サービス業（商業者以外のサービス業）の場合の中核提供は、あくまでもサービス財である。これらに対し、商業者の場合の中核提供は、生産者から買い取り仕入れて再販売する有体財と、商品分類取揃え上のサービス財など商業者の社会的存立根拠となるサービス財との合成体である。この合成体を形成するサービス財は、商業者ならば本来的に提供する必要があるサービス財であるが、これら以外のサービス財は逆に提供しない自由がある。

　また、商機関の場合といえ、その資本がどのような主体により所有・出

図 1-1　提供の比較

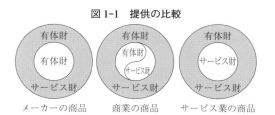

メーカーの商品　　　商業の商品　　　サービス業の商品

資・経営されているかにより類型化できる。企業法律形態、企業経済形態、企業体制があるが、企業法律形態は、法律に規定されている各種の企業形態であり、出資＝所有となる場合の公私の区分により、私企業形態、公企業形態、および公私合同（混合）形態に区分される。まず私企業形態には、企業（個人企業、集団企業）、民法上の組合、商法上の匿名組合、中小企業等協同組合法による協同組合・企業組合、消費生活協同組合法による生活協同組合、会社法による会社形態、保険業法による相互会社がある。私企業形態の中心は会社形態であるが、これにも株式会社と持分会社があり、後者には合名会社、合資会社、合同会社がある。なお会社法制定の過渡的措置として有限会社が存在するが、それは法的には株式会社とみなされる。公企業形態には、行政組織のまま現業（生産）を営む純行政経営とよばれる「独立行政法人」（例、国立印刷局）、個別立法による各種の「機構」（たとえば都市再生機構）、国（政府）の出資＝所有による「特殊会社」（たとえば株式会社日本政策金融公庫）などがある。公私合同企業は、通常は出資＝所有の混合であるが（例、政府出資 55％、民間出資 45％となっている 日本銀行）、理論上は公有民営や民有公営もある。

　いずれにせよ商人や商業者は、まずは、①原則として購買した財貨に物理的／化学的加工を施すことなく、商品の購買価格（仕入価格）と再販売価格（販売価格）との差額を利益として得ることを目的とする差益商と、②流通媒介行為を商品の再販売購買行為に拠らないで、生産者または他の商機関の委託によって商品の売買取引を代行ないし仲介し、労働報酬として手数料を得る手数料商に区別される。

　そして、差益商は、①商品販売の相手方が消費者である小売商（retailer）

と、②商品販売の相手方が生産者ないし商機関である卸売商（wholesaler）に区別できる。こうした商人や商業者の行為を再販売購買行為という。

また、手数料商は、「そうは問屋が卸さない」というように同義扱いする方が多いが、わが国の商法規定に準拠するならばつぎがある。①生産者または他の商機関が所有する商品を、その委託によって自己名義で販売し予定された手数料を収得する問屋（commission merchant）、②委託者の名義で販売して手数料を得る代理商（sales agent）、③商品の売り手と買い手のいずれか一方のために他方を探索し、両者に直接に売買取引を行わせ手数料を得る仲立商（broker）に区別できる。

なお、生産者はその生産物の販売を商業者に任せることで、多くの経済的便益を受けてきた。しかし、生産行為の拡大による生産者間の競争激化、また、生産者と商業者の間のコンフリクト（葛藤、対立、闘争）の拡大等を打開するために、生産者みずからが所有・出資・経営するつぎの商機関を設立するようになった。①卸売段階での販売会社、②小売段階での直営小売店。

1.1.3　流通機能と流通機構

私有財産制を基盤とする経済社会では、財貨の流通は、売買や賃貸借（レンタル、リース）の取引により、財貨の所有や占有が、生産者から消費者へ移転することである。ただし、このことで直ちに流通が完結したことにはならない。というのは、消費者が欲する各種商品を望む数量だけ、望む場所で、望む時に、納得できる対価（価格）で、安全で確実に消費者が所有／占有できてはじめて、財貨は消費者への移転を達成したことになるからである。流通の究極的意義は、財貨を消費者の生活のあらゆる面で自由に消費できる状態、言い換えれば「人間の生」に奉仕できる状態に置くことであり、ここに流通価値の源泉がある。

したがって流通機構は、見えざる手に委ねずに、こうした消費者や、諸企業の要求等も満たすための種々の流通機能が発揮された社会的仕組みとして、形成されていくことになる。その流通機能には、①取引流通（所有権移転）機能、②物的流通（占有権移転）機能、③資金流通機能、④危険負担機能、⑤情報流通機能などがある。流通を専ら担う商機関だけでなく、以下で

いうようなサービス機関も流通機能を発揮してきているといえる。

　有体財としての商品は取引によって所有権を移転されるため、取引流通機能は最も中心的な流通機能として位置づけられる。取引流通機能を担う社会的仕組みとしての流通機構は、狭義流通機構ともいわれる。

　生産物を与えて貨幣を得る販売と、貨幣を与えて生産物を得る購買をあわせた概念が、売買である。売買に伴い、消費者が商品を所有、占有する場所まで物理的に運送、配達される。この働きを物的流通機能といい、各種の交通／運送機関、保管／倉庫機関などからなる関係機関がその多くを担当する。

　売買によって商品を取得する消費者が対価として払う代金の、現金支払いの延期や現金不足の融通における与信管理に基づく信用供与も財貨の取得を容易にし、これを拡大する働きである。各種の金融機関や信販会社などによる金融機構が、こうした資金流通機能の多くを担当する。これまでには、クラウドファンドサイトも注目されるようになった。

　また、流通過程で生じる各種の損失やリスクを防止（ヘッジ）する危険負担機能は、保険会社などを中心とするヘッジ機構によって担当される。

　さらに、所有権移転や物的流通、金融やリスク・ヘッジなどに関する情報や需給状態の情報を収集し、これを流通関係機関に伝達して流通を効率化する情報流通機能も、流通に不可欠な行為である。これらの多くは、各種の調査機関や広告代理店、広告媒体／報道機関（マスコミ）などが担当している。

　流通機構は、取引流通機能を遂行する当事者(生産者-卸売商-小売商)によって形成される狭義（直系的）流通機構と、そこでの取引に伴い取引当事者からの委託によってその他の流通機能を遂行する当事者が形成する傍系的流通機構に分けられる。そして、いずれの機構をも含む社会的総合的仕組みとしての流通機構を、広義流通機構という。

　生産者（≒製造業者）、流通業者（商業者を含む商機関）、そして消費者という諸主体は、流通過程の構成員である。たとえ流通における商業者が担当する部分が流通の大部分を占めるとしても、生産者による流通という部分、そして消費者による流通（買い物行為における持ち帰り）という部分もある。なお、「個人・家庭のためという私的目的か、企業のためという目的か」、「形態的効用を減少（利用価直を減耗）させているのか、逆に増大（創造）させてい

図 1-2　日本の流通機構（狭義）

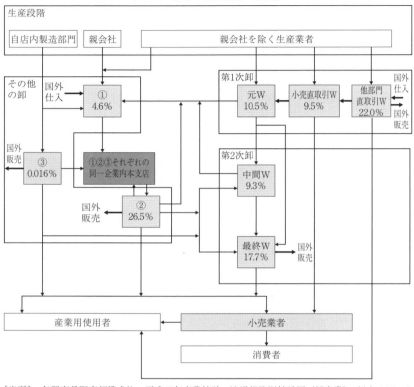

［出所］：年間商品販売額構成比：平成19年商業統計　流通経路別統計編（卸売業）。以上のデータ
　　　　から算出

るのか」により、それぞれ前者ならば消費であり、後者ならば使用であると
言って、通常には区分されてきた。

　そして、次節（**1.2**）でいう相互作用から成り立つものなのだが、**図 1-2** と
して日本の流通機構（狭義）を示しておく。この全体についての視野が十分
でないと、働きながら「ここはどこ？私は誰？」となりかねない。

1.1.4　流通覇権の変遷

　景気循環には、周期の異なる複数の波動があるといわれている。その波動

のひとつに、最短でも 40 年、最長でも 70 年、平均で 50 年を周期とする長期波動がある。この長期波動は「コンドラチェフの波」と呼ばれ、科学技術革新の大きなうねりに沿ったものだとの説が有力視されている。この長期波動説では、1930 年代から 70 年代までの 50 年間を支配してきた大量生産システムが、フォーディスト・マスプロダクション・コンドラチェフと呼ばれる。

　そして、80 年代から始まる情報分野や通信分野の科学技術革新が大きなうねりとなり、いわば情報・通信コンドラチェフとも呼ぶべき波ができると予想された通りになりつつある。長期波動説に基づけば、情報・通信コンドラチェフさらには AI（人工知能）化など科学技術革新のテンポ・アップの中で、今後とも、旧流通や旧流通機構からの創発過程として、流通革新が規定される。

　流通革新・革命とは、一般に、さまざまな要因が複合することにより、流通が従来の伝統的システムや伝統的機構から脱皮していく過程を指す。流通革新は、その原動力となる主体のどこに焦点を当てるかで、少なくともつぎの 3 つに分解して論じることができる。①生産者（製造業者・メーカー）による流通革新、②小売商機関による流通革新、③卸売商機関による流通革新。

　生産、消費、商品、情報、交通面での日本の革新は、徐々に世界のトップ・レベルに達し始めていた。しかし、それらに比べおよそ 30〜50 年の遅れが指摘されたほど、1960 年代になっても「流通の後進性」が顕著だった。64 年の商業統計では、従業員 4 人以下の生業的小売商が全体の 89.6％を占め、従業員 9 人以下で 97.1％を占めていた。このように旧態依然（小規模零細、分散、多段階）の流通に対し、近代化のためとして「流通革命論」が広がった。

　また、政府の流通政策によっても、流通の合理化ないし近代化が積極的に推し進められた。流通合理化とは、流通効率を向上させることである。流通近代化とは、流通機構を整備し、とくに卸売商や小売商の経営体質を改善し、不合理な商慣行を是正し、かつ流通合理化も行うことである。このための流通政策については、第 4 章に譲る。

　日本は、1945 年から戦後の経済復興を経て、50 年代から成長期そして高度成長期に入った。これにより、つぎの変化が起き、生産（大量生産）力とその受け皿といえる消費（大量消費）力の向上による「大衆消費社会」へと変容し

た。①国内の総生産、総所得の上昇、②所得の平等分配、③大戦以前とは比較にならない購買力を獲得、④ほぼすべてのものを商品として購入する消費者の誕生、⑤新商品の生産技術の導入、新商品としての販売。

そして、戦前は卸売商が握っていた流通覇権が、戦後にまずは、製造業者に移った。基幹産業の構成者となっていった生産者による流通革新については、有力生産者による流通系列化として述べることができる。有力生産者は、それまでの伝統的商業者を中心とする流通機構からの脱皮を目指して流通系列化を始め、日本の流通機構に大きな影響を与えた。このように、有力生産者が担い手となった、1950年代後半から70年代までの間の伝統的流通や伝統的流通機構からの脱皮過程は、第1次流通革新とも呼ばれる。

しかしながら、それは、日本の流通機構、流通産業の全般を覆い尽くすものではなかった。1957年頃から、流通系列化によって強大なパワーを発揮する有力生産者への対抗的パワー（countervailing power）を蓄えつつ、先進的小売商が自足歩行を始めていたからである。そして、成熟経済に移行する頃から、生産者が握っていた流通覇権は、有力な小売商に移っていった。

1953年には青山の『紀ノ国屋』が、セルフ・サービス販売方式を初めて採用した。その後に、同方式や低価格大量販売（薄利多売）方式を採用した有力小売商のチェーン・ストア化が進んだ。そして、その本部は、チェーン拡大とともに、大規模生産者や大規模卸売商から一括仕入れをおこなうようになる。この行方を予期して、後述する「問屋無用論」がいわれた。

1980年代は、高度情報化社会への移行期だった。90年代になって、商取引の電子化の進展を背景に新時代を迎えた。そこで、高度情報化社会への移行を背景に生じた旧流通や旧流通機構からの脱皮過程が、第2次流通革新と呼ばれるようになった。この点では、もはや、ネット・ショッピング・モールを開設するプラットフォーマーが牽引役を果たしている。

垂直的に見ると、戦前の卸売商の時代、戦後の製造業者の時代、そして成熟経済以降の有力小売商の時代へと流通覇権は変遷し、さらには総合商社を親会社として系列卸売商が復権を図っている食品産業などの産業もある。流通革新といえるならば、創発があるのであり、覇権争いにも意味はある。

「社会−組織」進化論的に言い換えれば、グローバルな大進化へのイフェク

ト（効果）を及ぼしたエポック・メーキングな例化として、東インド会社化、フォード化、ディズニー化、マクドナルド化、マイクロ・ソフト化、ウォルマート化、アマゾン化という現象が注目されてきた。そして、それらの企業は、ベスト・プラクティスのベンチマーキングの対象になってきた。それらに匹敵する存在として注目される日本の企業も、かつては多かった。米国のウォルマートは、すでに全業種の中で売上高世界一の企業となった小売商（ディスカウンター）であり、西友を完全子会社化したなど、後述する変化の震源でもある。

　むろん経済がサービス化したわけであるから、サービス業の影響をいかに取り込むかもある。優良なコンビニエンス・ストアほど日々の売上高（日販）の 50％以上がサービス販売（委託代行手数料を含む）である。本歌取りとなった日本のコンビニは、先の錚錚たる企業に近いイフェクトを発揮している。

　そして、成長（量的拡大という意味での発展）の限界というのは、既成の利益概念に基づく規模の経済上からの立論である。よって、それとは異なる利益を誰しもが求めるようになるのであれば、それに背かない限りの形態完全性を目指すという意味で、「成長」（質的充実という意味での発達）に限界はない。つまり後者の成長は、進化のステップを招くプロセスである。

　小売業態（フォーマット）の歴史の多くは第 5 章に譲り、以下では、日本の小売業態間での覇権の変遷を述べる。というのは、第 2 章（2.5）でいうマーケティング・チャネルの終点に位置する小売商のマーケティングへの影響の脈絡の見据え方次第で、メカニズム解明に近づくか遠のくかも決まるからだ。

　図 1-3 のように品揃え上では位置取りにちがいがあるが、1960 年代までの百貨店の時代、70 年における米国のジェネラル・マーチャンダイズ・ストア（GMS）由来である日本型スーパー・マーケット（JSM）の時代、80 年代以降のコンビニエンス・ストア（CVS）や 90 年代以降の量販専門店の時代へと覇権の変遷があった。ただし、JSM にとっては、伝統的商店街を保護名目とする出店規制強化に対する成長維持策として、コンビニを子会社／関連会社として秘蔵子の様に育んだことが奏功している。量販専門店は、衣類関連、食関連、住関連へと分岐していった。なかでも、ドラッグ・ストアやホーム・センターと、コンビニとの競働や協働は、業態開発上でも重要視されてきた。

図 1-3　小売業態における品揃えのちがい

品目	狭い ←					→ 広い
深(長)い						NSM
					SC	
			伝統的商業集積			
		量販専門店				
	専門店					
				JSM		
			百貨店			
		CVS				
		万屋				
浅(短)い	個人商店					

品種

　そして、駅前や門前等に自然発生した商店街のような伝統的商集積があれば、1968 年のダイエーやイズミヤによる開発や 69 年の『玉川ショッピングセンター』の開発以後に漸増した人為発生的な計画的商集積もある。インバウンド観光者さえ集客してきた元気な商店街も多く、リアルな計画的商集積であるショッピング・センター（SC）に、まだまだ年間販売額で引けを取らない。

　小売業年間商品販売額に占める割合は、2.1%（2014 年）であるが急成長を始め、これらを飛び越えるといわんばかりに、バーチャルな計画的商集積であるネット・ショッピング・モール（NSM）の時代が、到来しつつあるといわれ始めた。彼らは、プラットフォーマーともいわれるが、いうなれば既述の代理商や仲立商がデジタル化した現代版の面が強い。

　小売産業の主導業態にとどめて、ひとまず**図 1-4** を示す。ただし、諸方式には付加的な場合がある。しかし、さまざまな小売業態をより動態的に見ていくには、後述（**1.2.3**）の小売業態ライフサイクル論の実証分析を踏まえる。

1.1.5　現代の商業者における事業領域

　欧米に比べ日本では、居住空間の制約があり、消費者の生鮮食料品への志向が強い。したがって、消費者の購買行為は、多頻度・小口・当用買いが中心になる。さらに道路事情、都市形成パターンから、時代を遡るほど徒歩に

図1-4 小売業態における覇権の変遷

～1960年代	1970年代	1980年代	1990年代	2000年代	2010年代	2020年代～
百貨店の時代	日本型スーパーマーケットの時代		量販専門店の時代			ネット・ショッピング・モール隆盛へ？
高価格高品質	低価格良品質		ディスカウント価格良品質			全価格全品質
対面販売方式	セルフ販売方式				客に近づくセルフ販売方式	セールス・ドライバー方式 無人販売方式
総合的品揃え			専門的品揃え（一部で「専門百貨」）			ロングテールも含み無尽蔵な品揃え
目的地型の大商圏大型店			幹線ロードサイド型商圏	SCテナント化による目的地型大商圏	通過型の大商圏小型店	時空非制約商圏
専業型	兼業型					

　よる購買行為が主であった。ゆえに、小売店の近接性が要求され、小売構造が多店舗・小型・分散型になっていた。

　そして、消費者の購買行為が小売構造を規定し、小売構造が卸売構造（多段階性）を規定するというメカニズムがあった。ただし、モータリゼーション（車社会化）の進展、郊外型大型小売店の出店拡大等が、都心部（アーバン）、郊外（サバーブ）、田舎（ルーラル）、リモート（辺境地）の消費者行為を変容させ、**図1-5**にある一般小売店（未組織小売店つ個人商店・業種店）以外での購買行為を助長し、代置を伴う付加が業態間で生じた。

　地方展開中小小売店チェーンの中には、広域展開中堅小売店チェーン、さらには全国展開5大小売店チェーンへと成長するほど、後述（1.2.1）する商業企業グループを形成する場合がある。本質的な業態革新をないがしろにしてチェーン経営方式を表面的に模倣した規模拡大により行き詰り、淘汰される小売店チェーンはあった。一方で、同図でいう5大チェーンとはいっても、消長がある。合従連衡や下克上があり、今日でもビッグ2といわれるイオングループやセブン＆アイグループを除けば、売上高ランキング等の変化は目まぐるしい。

　各規模の小売店チェーンによって卸売構造が異なることは、同図から一目

図 1-5　加工食品の流通機構

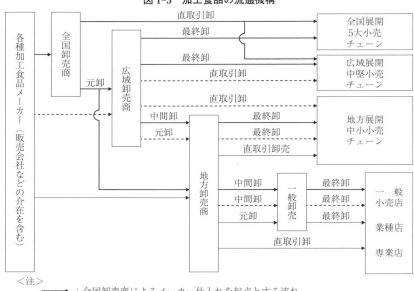

<注>
　——▶：全国卸売商によるメーカー仕入れを起点とする流れ
　-----▶：広域卸売商によるメーカー仕入れを起点とする流れ
　——▶：地方卸売商によるメーカー仕入れを起点とする流れ

瞭然である。これは、つぎのメカニズムに起因する。①店舗拡大により小売店チェーン全体の販売量が取引先卸売商の商品取扱量より大となると、より上位段階の卸売商から直接に仕入れるようになる。②さらに店舗数が拡大し小売店チェーン全体の販売量が先の上位段階の卸売商の商品取扱量よりも大となると、生産者から直接に仕入れるようになる。③よって、「細く長い流通」から「太く短い流通」となる場合には、次第に下位段階の卸売商ほど無用になる。

　これに対して、卸売商は、同一段階にある卸売商間での集約化を進めて商品取扱量を増大させ、メーカーの生産拡大による産業財卸売商の成長や輸出入拡大による総合商社の成長も背景にして、完全に排除されるという事態には至らなかった。したがって、メーカーと小売店チェーンの直取引は、取引流通の全面を覆い尽くすほどにはならなかった。その理由にはつぎがある。

①メーカーにしても小売商にしても、みずから物流／配送センターを建設するよりは、卸売商の物流施設を利用する方がコストがかからない。②小売商として高まった購買力を発揮すれば、卸売価格を低下させ小売価格も下げられる。③優越的地位の乱用に抵触しない限り、卸売商は好都合な存在である。

　さらには、小売店チェーンは、1970年代以降の業績悪化に対し、多様化したした消費者の要求に応えようと売れ筋争奪的な商品仕入れ（スクランブルド・マーチャンダイジング）を行うようになった。このためには仕入れルートを多様化して組合わせる必要があり、やはり、卸売商の排除は進まなかった。

　また、1980年代前半からの本部一括仕入れ強化と、チェーン・オペレーションの効率化（特に物流システム革新）においては、共同配送一括納品方式が主流となり、卸売商は小売店チェーンの購買代理業として存在感を強めた。複数の卸売商が納品してきた商品を、いったん特定卸売商の配送センター（卸売商が共同で新施設を建設することもある）に集約し、店舗別に仕分けして、各店舗に配送する。センター・フィーは、配送センターを所有する卸売商が他の卸売商から徴収する方式である。こうして、品揃え機能よりも在庫・仕分け・配送機能を提供するようになった卸売商を、「ベンダー」と呼ぶことが多い。

　1980年代末になると、ますます多様化・個性化する消費者の要求に対応するため、小売店チェーンは卸売商や生産者に対して、「多頻度小口時間指定配送」を実現する物流機能強化を求めるようになった。しかし、中小卸売商には単独対応が困難なので、大規卸売商を軸に共同配送一括納品の取組みが拡大した。大規模小売商への上位集中化が進展し、IT革命を背景に、大規模小売商と生産者の緊密な関係が流通情報ネットワークにより発達してきている。問屋無用論の時代に発生し始めた大規模小売商と生産者の直取引が発展している。

　たとえば、セブン–イレブン・ジャパンは、日用雑貨卸売商に共同で一括納入企業であるエス・ブイ・デーを1997年に設立させた。ただし、こうした動きは、生産者にとっては想定外で、商品別・地域別に構築されてきた生産者の流通系列化の制度と対立を惹起したともいわれている。ただし、70年代に生じた対立とはちがい、小売商側へのパワーのシフトが生じていた。よって、

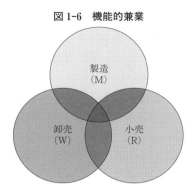

図 1-6　機能的兼業

こうしたことも経て、流通においても戦略同盟がいわれるようになる。

　ベンダー化が進みはしたが、1990 年代後半から、そのような卸売商の本来意義が再び問われることになった。たとえば、総合商社主導で大規模卸売商を核とする新たな卸売機能強化・新価値創造造、国内市場の縮小による海外市場依存、トランスベクションのグローバル化、卸売商の経営統合による売上高 2 兆円規模に上るメガ化が、卸売商の復権を目論み展開されている。

　そして、生産／流通における機能的な垂直分業の揺り戻しといえる、**図 1-6** で示す兼業化が、垂直／水平的な代替と補完、依存と独立をこえて生じてきた。ユニコーン企業といっていい現代の先進的な商業者ほど、その事業領域を縦横に柔軟に縮小したり拡張したりする。それは、チャネル・サービス・アウトプット（1 回に必要とされる購入量への適合、発注してから商品を受け取るまでの待ち時間、取引地点の数やその立地がもたらす空間的便宜性、品揃えの幅と深さ）と価格水準を基準として、競争優位を獲得するために、専業化と兼業化の最適水準を模索しているからである。兼業とは、同図におけるオーバーラップ部分を提供する状態のことである。さらにはサービス業者が提供するサービスの一部を提供する場合もあるが、これを除けば兼業パターンにはつぎがある。

　①「製造卸（卸製造）」；製造業が大規模化する以前からの従来型として、中小製造業が、地域の小売商にみずから販路を求めることは昔からあった。現代版では、アイリスオーヤマが代表格である。アパレルメーカーには、卸が

製造段階に進出する「卸製造」のパターンがあった。

②「卸小売（小売卸）」：特殊地区（秋葉原、名古屋大須、大阪日本橋）は電機用品の卸売商の集積地区であったが、仕入れ損失をヘッジするためにみずから小売店を開き、卸売商が小売商を兼ねる例は多かった。ホールセール・クラブという業態名からして、コストコは、元は業者向けの卸売商であったが、その後に消費者向け販売も行っている。後述の八百屋さんは小売卸である。

③「製造小売（小売製造）」：靴屋、仕立屋、豆腐屋、ベーカリーなどの従来型の個人商店もあれば、現代版といえる SPA（specialty store retailer of private label apparel）がある。これは、米国の衣料品店である GAP が、みずからの業態を自称したことに由来する。SPA は、ユニクロ（ファーストリテイリング）、ニトリが代表格だが、他の小売商でも、SPA 化が増えている。

④「製造卸小売」：いずれからいずれに向かうかという兼業のベクトルには、上記①に MW と WM、上記②に MR と RM、上記③に WR と RW があり、よって MWR には 6 通りのベクトルが経緯上である。製造卸のアイリスオーヤマは、みずから小売店も開設したが、撤退した経緯がある。

ただし、「日本標準産業分類」では主たる事業（事業所の年間商品販売額の構成比で50％超の事業）による分類がなされており、小売商の「業態分類表」にも、こうした兼業状態の区分はない。商業統計に基づく『我が国の商業』においてもしかりである。消費者の客足がほとんど遠退き B2C（事業所から消費者へ）の小売商としての販売がはかばかしくないように見える八百屋さんが潰れないのは、飲食店などへの B2B（事業所から事業所へ）の卸売による売上高比率が、その存続を支えるほどに高いからである。

つまり、生産者（製造者）か卸売商か小売商かと、その存在を一概に判断できない場合がある。それだけに、ここを見過ごすと現実が見えない。そればかりか、規模の経済により背面化した論理上のこと（第2章）も診通せないままになる。

1.2 標準基礎

企業間の関係には、固定的に捉えた関係と、そこに至る過程としての垂

直／水平的に渦巻くコミュニケーションの場がある。現代の商業者を含む商
機関、流通機構の全体についても、いずれも必然とは限らない因果関係や相
関関係、そしてそれら以外の偶然な関係における合理性から目を離さないよ
うにすれば、できるだけ把捉していけるようになる。流通論をたとえマク
ロ・マーケティングといっても、流通機構とは第2章でいうマーケティング
の累積的な全体だといっても、流通を経済的にいっても、第4章や第6章を
読めば分かるが、以下の基礎を要する。

1.2.1　流通3大基準と商業産業組織編成

　現代の流通機構という社会的仕組みや商業者の事業をさらに理解するため
に、第1に流通論でいう流通3大基準（広狭基準、長短基準、開閉基準）と取
引コスト理論および比較流通制度分析、第2に産業組織論の視点も入れた商
業産業編成について述べる。

　第1の流通3大基準を理解するには、まずは、価格論（第2章2.6）の理解
をもって十分となるのだが、流通費用の理解が必要である。消費者総費用か
ら生産者生産費用を引いた差を、流通費用と言う。流通費用は、生産者の流
通サービス費用、卸売商の流通サービス費用、小売商の流通サービス費用、
消費者の流通サービス費用を足した和である。

　つぎの広狭基準によって、最適な小売店舗数、これに応じた最適な卸売事
業所数が決まる。①小売店舗数が増えるほど、生産者や卸売商の流通サービ
ス費用が増える。②消費者にとっては、小売店舗数が増えるほど、消費流通
費用が減る。③その他の小売店が減るなど大型小売店の比率が上がると、ワ
ンストップ効果により探索費用は下がるが、もともと探索費用よりも大であ
る移動費用が上がる。④流通サービス費用と消費者流通費用の合計（流通サー
ビス費用）が最小となる小売店舗数が最適となる。

　また、つぎの長短基準によって、最適な流通段階数が決まる。①R（小売
商）のみの1段階、W（卸売商）とRの2段階、WとWとRの3段階、W
とWとWとRの4段階というそれぞれの場合の流通サービス費用（生産者
流通サービス費用、卸売商流通サービス費用、小売商流通サービス費用）を計算す
る。②以上から、最低流通サービス費用曲線を描く。③消費者流通費用曲線

を描く。④上記②と③の合計流通費用曲線を描く。⑤上記④の最小値に対応した流通サービス行為量が上記①のどの場合の範囲内にあるかによって、最適段階数が決まる。

そして、つぎを開閉基準として、開かれた市場型流通、閉ざされた内部組織型流通、その二面性がある中間組織型流通のどれが最適なのかが決まる。取引コスト理論は、機会主義と限定合理性により取引コストが発生すると言う。機会主義とは、自己内面の利益追求における虚偽・不誠実・策略・狡猾・日和見という取引主体の特性である。限定合理性とは、情報収集・処理・伝達表現能力に限界があり意図通りではあっても合理的とはいえないことである。取引コストとは、事前調査、契約書、契約履行、契約履行後の監視の必要から生じる取引実現のためのコストをいう。

また、取引の状況や状態については、つぎの5点をいう。①ある人との取引では価直が上がるが、別の人との取引では価値が下がる資産特定性（たとえば、相互依存的関係にある資産）があると、不必要な取引コストが発生しやすく、特殊な投資を回収するために、良好な取引関係を継続しなければならないが、「人質」が犠牲になり、埋没コストになる可能性がある。また、ホールドアップ問題（法外な要求、特殊な関係を打ち切らせようとする脅し）に巻き込まれる可能性がある。②取引相手の情報が得られないほど不確実となり、取引コストが高くつく。③取引回数に比例して相互に相手の情報が得られれば機会主義行為は抑制されるが、そうでない場合には、逆に頻度に比例して機会主義が現れるので取引コストは増加する。④取引状況下で取引コストを節約するための資源配分システム（ガバナンス制度）として、市場、組織、中間組織（市場と組織のハイブリッド）がある。資産特定性が低い場合には、市場が中間組織や内部組織よりも取引コストが低い。資産特定性が中程度の場合には、中間組織が最も取引コストが低い。資産特定性が高い場合には、内部組織が、中間組織や市場よりも取引コストが低い。⑤初めは取引当事者が多数存在し、一般的資産しか保有していなかったとすると、スポット契約取引すなわち市場取引が取引コストを節約する方法となる。しかし、スポット契約取引を反復するうちに、取引を効率化すべく資産を特定化する必要が生じ、資産特定的な取引となっていくというように取引状態は基本的に変化す

る。

　以上から、流通の開閉度とは、資産特定性と不確実性により、市場型や中間組織型が内部組織型よりも有効な戦略となるか、逆に内部組織型が中間組織型や市場型よりも有効な戦略となるかということの、マクロ的な帰結である。そしてそのことが、広狭度と長短度へも影響を及ぼす。系列取引は日本的な中間組織であり、環境変化に対応して戦略的に市場的となったり、内部組織的となったりする、効率的な資源配分システムであった。したがって、資産特定性が双方にとって高く不確実性が低いというのが、日本型流通取引の特徴だった。

　第2に、これまでにみたように流通は市場型流通だけではないので、流通産業組織編成とくに商業産業組織編成をいう。まず、ある企業が、事業持株会社・親会社、あるいは1997年の改正独禁法により条件付で解禁された純粋持ち株会社（ホールディングス）を設立し、分社化やM&A（合併、買収）などにより形成している関係会社との経営統一体のことを、企業グループという。製造業や、5つの流通機能（**1.1.3**）を担う商機関やサービス機関がそれぞれに持株会社を設立する企業グループもある。企業として単独成長（内部成長）を図るよりは、企業グループとして成長（外部成長）を図る方が、成長の規模や範囲や速度が高まるからである。したがって、企業グループに属していなかったならば起きなかったような対市場行為（所有権や使用権の売買取引にかかわる競働行為、協働行為）を、グループ内の構成企業が採るようにもなる。

　企業グループとして成長には、つぎの3パターンがある。①同一市場において同種の商品を供給している外部の会社の全部または一部（特定事業部門など）のグループ化のことである水平的外部成長、②購入業者、供給業者という関係を有している外部の会社の全部または一部（特定事業部門など）のグループ化のことである垂直的外部成長、③同種の商品を異なる地域市場に供給しているか、生産面や販売面での関係はあるが直接には競争関係にない商品を供給しているか、そして事業関係がない、という会社の全部または一部（特定事業部門など）のグループ化のことである混合的外部成長。

　企業グループ内の構成企業（子会社、関連会社）は、硬い（タイト）あるい

図 1-7 比較流通制度分析

		資産特殊性		
		双方にとって低い	双方にとって高い	一方に高く一方に低い
不確実性	高い	取引頻度が高い場合 内部組織型流通システム 取引頻度が低い場合 市場型流通システム	内部組織型流通システム	内部組織型流通システム
	低い	市場型流通システム	中間組織型流通システム	内部組織型流通システム

は緩い（ルース）結びつき（カップリング）の影響が及び、「その経営が実質的にコントロールされているとの事実が認められる会社」のことである。このように判断基準が拡充されたことで、子会社や関連会社の概念が拡張した。つぎの①による判断だけでなく、②と③による判断も加味されるようになったのである。①50％超ならば子会社、20から50％ならば関連会社という持ち株比率基準、②緊密な者や同意している者の所有分を合せると50％を超えている、自己の役員・従業員（元も含む）が取締役会の過半数を占める、重要な事業方針を決定する契約などがある、資金調達額の過半を融資している、その他の意思決定機関を支配している、という支配力基準。③自己の役員・従業員（元も含む）が代表取締役、取締役に就いている、重要な融資を行っている、重要な技術を提供している、重要な営業上の取引がある、その他の重要な影響を及ぼしている、という影響力基準。

　そして、商業産業組織とは、商業産業が相互に完全に独立の商業者の集合ではなく、小売商や卸売商が持株会社を設立して形成しているところの、さまざまな企業グループが並存する集合だということである。

　そして、商業産業組織は、**図 1-8** にある卸売商や小売商が、みずからの企業グループを背景にして主導するそれぞれの7パラレルシステムズを主内因・駆動力として、その垂直的編成や水平的編成を再構築している。生産者（メーカー）から小売商への方向を前方、その逆を後方というが、統合とはここでは外部統合であり外部の会社の全部または一部の経営支配権を獲得することである。双方割拠は他の場合に比べ、いずれが主宰かとははっきりといえない業務提携の関係である。

図 1-8　セブン・パラレル・システムズ

有力メーカー	有力メーカー主導型 前方統合	中小小売業者
非有力メーカー	有力小売業者主導型 後方統合，小売業者主宰FS	有力小売業者
非有力メーカー	有力卸売業者主導型 両方統合，卸売業者主宰FS	中小小売業者
有力メーカー	スポット的双方割拠型	有力小売業者
有力メーカー	反復的双方割拠型 製販同盟	有力小売業者
非有力メーカー	中小卸売業者本部主導型 卸売業者主宰VC	中小小売業者
非有力メーカー	中小小売業者本部主導型 小売業者主宰VC	中小小売業者

1.2.2　主要な現事実の脈絡化

　現在は一瞬に過去となるが、商業者の事業領域や業態へ影響している3要因ごとに事実関係を述べておく。第1は内なるグローバル化（国内市場開放）と外なるグローバル化（海外進出）、第2はディスカウント化のノーマル化、第3は狭小・小商圏化である。なお、サービス化やIT化以後のデジタル・トランスフォーメーション（DXと略される）については、これらも重要だが、上記それぞれの中で折に触れていく。

　第1に、まずは内なるグローバル化の面では、グローバル進出を地で行く外資系小売商の日本進出も考えて、日本国内の小売産業［組織］を考える段階に入った。第1次資本自由化により70年代にマクドナルドなどファスト・フード系企業に始まり、バブル崩壊後の地価下落と規制緩和により90年代にはトイザらスなど様々な分野の外資系小売業の対日参入が急増した。約20年を経て、08年の世界的な原材料価格の高騰やリーマンショック以降、現地化努力の甲斐もあって外資系小売業の低価格良品質に支持が集まり存在感が高まった。イケアは生活様式の違いを十分に意識し、日本で最も多い3LDKの収納を研究し、スウェーデン本社では日本のマンションを再現して売れ筋を探っていた。

　こうして、「基本ソフトを導入し終えた外資は、日本の実情に合わせてアプ

リケーション・ソフトを動かす時期に入った」とまでいわれた。05 年にカルフールが撤退した時に、「小売産業はドメスティック産業」と言い放っていた糠喜びの国内小売勢力には、明らかに脅威となった。日本で持株会社を設立し買収姿勢を鮮明化する有力外資と、国内小売勢力の正面衝突が生じるようにもなった。

　一方で、日本市場をこじ開けたトイザらスは、1991 年出店の歴史的 1 号店を 08 年に閉鎖した。米国型流通システムが日本でも通用すると誇示していたが、デジタル・ゲーム等を安売りする国内家電量販店やネット通販により劣勢に立ったからである。97 年に進出の米国オフィス・デポは 09 年に撤退した。文具生産者プラスが 97 年に経営分離したオフィス用品通販卸売商アスクルのネット通販により、都心ビジネス街など企業顧客の流出を防衛したからである。英国テスコは、ドン・キホーテや西友が隣接する市川市本八幡駅前の激戦区に出店したが半年で閉店したのを期に、日本進出から 8 年目で撤退を表明した。

　内資間競争というお家の事情だけでなく、規模拡大により外資を迎え撃ち、外資との国内地方商業の争奪戦にも備えるため、提携や M&A による流通企業グループの再編が加速した。01 年に買収した西友の立て直しが一段落したこともあり、ウォルマートとイオンの間で、香川県の地方スーパー「マルナカ」の争奪戦が起きた。人口 10 万人当たり大型小売店の売場面積が全国 1 位の滋賀県、2 位の香川県ということに着目したのであろうが、大規模な M&A を目指す矢先の頓挫を巻き返そうと、09 年にウォルマート・ジャパン HD が設立された。その後、居抜き出店を含む新店出店が、西友の衣も借りて拡大した。

　ウォルマートにとって、西友は日本進出・拡大の砦である。みずからのトランスベクションを駆使した世界最適調達により、西友を全面的にバックアップして低価格競争を仕掛けてきた。上場せず非公開となっている西友の財務諸表データが公開されるならば、それはウォルマートの日本小売市場での勝利宣言に等しいとされてきた。ところが、アマゾンなどネット・ショッピング・モールの影響が、世界 1 のこの企業をも揺るがしている。よって、ウォルマートの威信にかかわる西友対応は、今後の小売産業における新段階

への試金石になる。

　つぎに外なるグローバル化の面では、小売業の国際化が叫ばれた1980年代以降、日本の小売業は、近隣の東南アジアや中国に進出した。しかし、バブル崩壊により、国内での競争力強化に経営資源を費やすことが優先された。その間に欧米小売業が市場を攻略し、後塵を拝するようになった。たとえば、中国工場への発注量は、日本の百貨店が高額衣料を1回に百から千着単位で発注するのに対し、H&Mなどのファスト・ファッション店は1回に数百万着を調達する。欧米向けより後回しにされる傾向が強まり、納期遅れによるリスク回避のため、生産拠点についてはチャイナ・プラスワンが課題として浮上した。

　中国以外の収益拠点が増えアジア内での利益地図が変化するとは、上場企業420社から集計された地域別営業利益のつぎの劇的変化（00年と010年の対比）からも分かる。日本74％（5.5兆円）−52％（3.8兆円）、米州15％（1.1兆円）−10％（0.8兆円）、欧州2％（0.1兆円）−2％（0.1兆円）、新興国9％（0.7兆円）−36％（2.6兆円）。経済産業省による『アジア消費トレンドマップ』は、中小企業も含め日本企業のアジア市場開拓を支援するものであった。小売市場のみならず市場グローバル化において、収益源はアジア新興国（NIEs）からBRICS、VISTAへのシフトが拡大し、さらにはBOPまでが考えられるようになった。

　2010年は、日本の小売商が本格的にグローバル化する転換年といわれた。20年までに、毎年3,000億円以上の消費が消えるいわれてきた国内市場の縮小、国内産業ライフサイクルを背景として、海外進出は拡大した。アジアの個人消費額は、20年に約1,300兆円超となり、米国やEUを凌ぐ最大市場になると予測されてきた。その中核は中間層で、日本を除く地域で人口9億人に達した。そして、仕入れやPB開発の見直しという低価格対応と海外進出に向け、商社がもつ海外ネットワークや現地の不動産や立地情報に期待する小売商側と消費関連ビジネスを強化したい総合商社の利害が一致し、両者の提携が加速した。

　第2に、ディスカウント化のノーマル化とは、ディスカウント化は産業市場行為の広範囲と消費者行為の広範囲にみられる長期傾向としてデフレ脱却

後も持続するという意味である。

　新興国など世界の経済成長に支えられて産業市場行為が好調になっても、その成果が賃金、配当、輸出価格の引き下げ、国内設備投資、対外投資などの多様な選択肢の中から、どこにどれだけ配分されるかが、経済動向を大きく左右する。賃金や国内設備投資に配分される場合には、消費など内需の盛り上がりが期待できるが、そうでない場合には内需の盛り上がりは弱いものになってしまう。需給ギャップの縮小を受けて物価の低下率は次第に縮小し、需給ギャップの解消により物価は上昇に転じるが、失業率を考えて1％程度の緩やかなインフレが望ましいとする見方が多かった。

　ディスカウンターについては、デフレ・スパイラルを引き起こす元凶のようにいわれることもあった。しかしながら、今の成熟経済諸国の消費者は、不要なものや気に入らないものは安いどころかタダでもいらない。あらたな商品カテゴリーを創造しこうした消費者の潜在需要を顕在化させた勝ち組のディスカウントストア（DS）によるディスカウント化は、少なくとも単なる安売りや割引ではない。英国では、2008年のリーマンショック後に、一部のディスカウンターに対しては「リセッション・バスター」という名誉回復ともいえる新たな俗称・別称が生まれたほどである。デフレ・スパイラルの中では、なおさら今後も内需縮小の抑止力といえるディスカウンターの存在感が高まっている。

　ディスカウント・ハウス（DH）が、米国では1950年から60年代にかけて急速に発展した。発生母体や地域の相違から3つの源流があるが、60年代の初めにはそれらが1つになって取扱い商品が多様化し成長の基本型ができると、1870年代後半に百貨店やヴァラエティ・ストアなどが、DH業界に参入した。これらの新規参組は、やがて、ディスカウント・デパートメント・ストア（DDS）として急成長した。一方、それまでは衣料品やハードラインが中心の本業型DHも、集客上の相乗効果から食料品を積極的に扱い始めたり、DH店内では扱わずともスーパーマーケット業界に参入したりした。ところが80年代に、DHやDDSは低成長局面に入り、総合型のディスカウント・ストア（DS）に脱皮し、プライベート・ブランド（PB）を開発し始めた。米国では、ナショナル・ブランド（NB）の割引販売に限界があったが、

PBはさらに低価格を追求しながらも品質が向上されたので、多くのDHが消滅した。DSは、米国小売業界を主導する地位を獲得するに至り、それで、いまのウォルマートがある。

　一方、日本では、米国DSに匹敵するほどに日本小売業界を主導するDSやDH（DS化を図っているDH）業態では、まだまだドン・キホーテくらいである。DHは、主にNB商品を低い粗利益率で低価格で販売する。一方、DSは、垂直的マーケティング・システム（VMS）の1種といえる垂直的マーチャンダイジング・システムにより、PB商品を安く売る仕組みを構築してPBを前面に押し出し、あるいは地域メーカーのローカル・ブランド商品を発掘し、それらの売上高構成比率を一定割合いに向かって高めている。

　たとえば、スーパーや量販専門店に限らず既述のSPAは、低価格訴求のPBを提供しているのでDSと考えていい。通常スーパーの8割～7割で安く売るディスカウンター、通常スーパーの6割以下（ディスカウンターの8割以下）で売るディープ・ディスカウンターには、品揃えで見れば、総合ディスカウンター、限定ディスカウンター、専門ディスカウンターがある。ドン・キホーテや、しまむらは、もともとはSPAではなく厳密にはDHである。しかしながら、日本では、DHもDSと呼ばれることが非常に多い。

　第3は、狭小、小商圏化であるが、都心部での小型店出店の一巡は、郊外から田舎へ広げてきた大型店出店の一巡に比べれば、短期間に最適店舗数へと淘汰される。しかし、その維持の重視は、外食やフィットネス、レンタルなどサービス業でも同様の傾向を示している。

　米国農務省は、貧困層が居住し、最も近い食料品店まで1マイル以上であるか、農家のある共同体まで最低10マイル以上離れている地域を「フード・デザート」と定義した。その段階では、全米人口の8.4%にあたる2,350万人が、この定義に入る6,500の地域で暮らしているとされた。フード・デザートは、人口過少地である田舎と人口密集地である都心にある貧困地域が多い。店が少ない理由は採算にあるが、人口過少地は集客が見込めない上に大型DSとも競合し、人口密集地は出店スペース不足と賃料高騰を招くだけでなく、治安を理由に出店が敬遠される。生鮮の摂取不足から平均寿命が低く医療費を押し上げている貧困地域のフード・デザート問題に、ジップ・

コードで寿命が予測できるとされる米国では、ウォルマート、ウォルグリーン、スーパー・バリューが出店するなど各社の協力と行政支援が進んでいる。

そうした米国事情とは異なるが、日本でも「買物空白地」が問題になった。その地域や地区に住む買い物弱者は、全国で 600 万人と推計される。日本の高齢者は購買力があっても、米国の高齢者より消費性向が低い。郊外立地からの立地多様化が起きているが、今後の超高齢社会では、狭小・小商圏業態が、この閉塞を突破する鍵である。サッポロ・ドラッグストアは、競争相手のいない過疎地をターゲットに、人口が 400 人～500 人の小商圏でも採算がとれる店舗開発を進め、そのビジネスモデルが注目された。

2002 年 2 月から 07 年 10 月までの「いざなみ景気」の時期でさえ、小売業の年間商品販売額は減少した。小売業の年間商品販売額は、143 兆 8,325 億円（99 年）、135 兆 1,092 億円（02 年）、133 兆 2,786 億円（04 年）、124 兆 2,747 億円（07 年、ただし年間ガソリン販売額を除く）と、景気が良くなっているはずでも商品は売れていかなかった。14 年は、122 兆 1,767 億円である。

その最大の原因は、人口動態にある。05 年から日本は、総人口減少に入った。増加しているのは、東京都、神奈川県、千葉県、埼玉県、愛知県、滋賀県、大阪府、福岡県の 9 県だけである。総人口減少の中での都市部への人口流入増加や GMS 等の大型店舗の余剰感が強まり、売り場効率が悪化の一途を辿り、ハンドルしきれなくなった大型店舗のスクラップ＆ビルドが着々と進んできた。

一方で、小型店の出店競争が激化してきた。特に大都市小型店は、格段に高い利益率が見込める店舗である。ゆえに、小売競争・協働は、むろん狭小商圏、小商圏、中商圏、大商圏の入れ子構造の中で起きているが、幹線道路立地や駅立地に適応する通過地商圏業態も含んだ狭小・小商圏業態による量販チェーンの参入がほとんどの業態でみられた。ただし、新たな小商圏業態も、企業が単独で形成する単体業態と複数企業で形成する集合業態に分けられる。囲碁でいえば 1 目 2 目の小競り合いを、今後につなげようとしている。コンビニ草創期を思い出す。機動性がある小型店は、初期投資を抑えられ、出店・退店も容易で、環境変化に対応しやすい。また、小型・超小型店（小型店化、コンビニ化）は、ワンストップ・ショッピングに対するショートタイ

ム・ショッピングを可能にする。都心部だけが小型店の出店先ではないが、集客力がある場所（都市部、駅前）への出店は、早期の投資回収を実現し、収益を底上げしてきた。

1.2.3　小売業態ライフサイクル論の実証分析

前節（1.2.2）の脈絡にある実践から引き出せる帰結として、少なくともつぎの 3 つを、理論に帰納的フィードバックとして付加し、つぎのステップ（1.2.4）に進もう。こうしてこそ理論上の区分は、現実をますます説明できるのみか、それがもつ超現実の側面に今後の実践が追いつくかたちにもなる。

第 1 に、今後の小売商に及ぶ、総合商社との資本／業務上の提携による色分けは益々はっきりする。総合商社にも、卸売商寄りと、情報通信サービス寄りがある。しかし、複数の総合商社と等距離を保つことを考え旗色を不鮮明化したい卸売商（たとえば加工食品卸売商の国分や、その他分野の卸売商）や小売商（CGC グループ、ニチリウ、AJS などのコーペラティブ・チェーン・共同仕入れ機構など）との関係も逆にはっきりとする。

ともかく、国内の大型な合併買収（M&A）の影響評価にあたっては、規模の経済による国際競争力強化により海外からの利益を国民経済に還元できるというメリットと、巨大企業ができ消費者への負担が大きくなるような価格引き上げといった独占力増大のデメリットという、功罪比較が行われる。

第 2 に、大きいベネフィットを提供するために意図的に「コストをかけるだけかける」という意味の高級専門店を初めとする「プレミアム化」に終わりはない。しかしながら、すでにグローバル化を主因にして、無為によると誹謗されても仕方のない「コストのかかり過ぎ」の時代は終わった。この意味で、国内需給ギャップは 2014 年度以降に解消し、16 年度の小売業年間商品販売額は 145 兆 1,038 億円と戻したが、ディスカウント化が広がる余地はまだある。東南アジアでの日系小売商の主役は、日系百貨店の撤退が増え、もはやドン・キホーテなのである。

第 3 に、人口問題としての人口動態（買い物弱者）と人口移動（空洞化のアコーディオン、勤務地・昼間の人口と居住地・夜の人口）における立地空白は、店舗規模に影響する。

図 1-9　小売業態ライフサイクル論のクラスター分析

導入クラスター	高成長クラスター		主導クラスター		低成長クラスター	マイナス成長クラスター		衰退クラスター
	第1成長クラスター・新興クラスター	第3成長クラスター	第1主導クラスター・第2成長クラスター	第2主導クラスター		低マイナス成長クラスター	高マイナス成長クラスター	
				成熟クラスター				
O都市型小型・超小型店	1ドラッグストア	2衣料品スーパー 3その他のスーパー	14住関連専門店	15食品スーパー 16住関連中心店	4食料品専門店 5衣料品専門店 6コンビニエンスストア	7ホームセンター 8百貨店	9衣料品中心店 10総合スーパー 10食料品中心店 12住関連スーパー	13その他の小売店

　図 1-9 では、商業統計表の業態分類表記に従っているが、それらにまたがってくる「ディスカウント・クラスター」と「ネット小売通販クラスター」を抽出できる。百貨店と総合スーパー（日本型スーパー・マーケット）の 2 つについては、「旧主導クラスター」という括りもできる。また、そして 2007 年までの段階で、業態によっては出店され始めた都市型小型・超小型店は、「導入クラスター」として抽出したが再分析を要する。ドラッグ・ストアの成長率は鈍化しているのでやはり再分析を要するが、その他の業態について大きな変化はない。なお、業態分類表も改定されるので、新旧分類表の対比が必要になる。14 年には、家電大型専門店、無店舗販売が新たな区分として抽出されている。

　3 大要因などへの適応度を高めるならばだが、そこから生じている下位業態分化を、異業態ごとに整理できる事態である。環境に大きな変化が起きているにもかかわらず、なかなかそれに適応できなかった商業者には、だからであろうか、その後の環境の小さな変化がきっかけで、返って大きく変化することがある。これは、臨界状態にある商業者の特徴のひとつであるが、ここからむしろ復活の途に向かう場合があった。それにしても、DX を第 4 要

因として重要視する段階になっている。

1.2.4 小売業態開発の選択変数

　異なる業態（フォーマット）間の壁が、高い場合もあれば崩れていく場合もある。崩れていく場合では、それぞれにいくつかに分化した下位業態があり、それらの融合が相互に生じやすくなっている。以上も含むが、異業態間の覇権の変遷や業態革新は、業態と下位業態の開発における、選択変数の関数化の巧拙に左右される。

　業態は、下記(1)から(5)の諸変数のように各業態に共通性の高い重要変数と、個々の企業が戦略行為の反映として選択したここでは列挙しきれない特殊な変数との組み合わせによる表現型である。

　(1)外部環境変数；①ホーム／モバイル、②リアル空間／バーチャル空間、③目的地商圏／通過地商圏、④狭小商圏／大商圏、⑤都心（駅前）／辺境、⑥ショート（セーブ、クイック）タイム・ショッピング／ロング（ワンストップ、ウェイスト）タイム・ショッピング、⑦日々／週（平日、週末）／月／4半期（例、ハロウィンからブラックフライデーを経て新年に至る間）／年単位

　(2)資源能力変数；①企業単体内のクローズド・ソース／企業グループも超えるオープン・ソース、②顧客志向／競争相手志向、③安定性／柔軟性／機動性、④同質化／異質化、⑤価格志向／非価格（商品、サービス）志向

　(3)後方部門変数；①集権／分権、②再販売／SPA、③ビジネスロジスティクス／サプライチェーン、④自社物流／サード・パーティー・ロジスティク（3PL）

　(4)店舗網変数；①店舗売上高（売り場改革、店舗改革）／店舗数、②店舗標準化／店舗差別化（個店強化）、③地域集中出店／分散出店、④超小型店／大型店、⑤常設店／期間限定店

　(5)店舗変数；①総合（業際）／専門（4桁分類業種）、②カテゴリー・キリング／ラインロビング、③コモディティ／非コモディティ、④購買頻度統一度／価格帯の幅、⑤ディスカウント（EDLP＋ロールバック）／特売（ハイ＆ローにおける変動幅の大と小に応じた）、⑥シンプル陳列／プロモーション型陳列（ニトリ vs IKEA）、⑦単独店舗／集積内店舗、⑧近接／離接

　小売業態に複数の下位業態が登場し、特定下位業態の優位性が支配的になるにつれ、みずから革新的な下位業態を開発できない同業態内の他社は、消滅するか、その下位業態を模倣し転換するしかない。すると、当該の業態とその下位業態という２階層間で逆転が起き、支配的となった下位業態が上位業態化する。こうして、再び業態の分化過程に入っていく。たとえば、住関連スーパーというひと括りの業態と、その下位業態として登場したホーム・センターとの関係を考えてみればいい。

　しかし、その間に標準下位業態という標準店舗が出来上がると、品揃えを優先して標準店舗に合う立地選択の傾向が強くなる。ここには落とし穴があり、立地を優先してその場所に合う店づくりを考える必要などは消えない。

　上記のような変数の列挙・選択は、不完全競争下では結局、第２章で述べる環境理解の先進基礎からの列挙・選択にならざるをえない。売手競争起点、買手競争起点、価格競争起点、市場起点、環境起点などいろいろに言われることを踏まえれば踏まえるほど、そうなるのである。むろん、いずれの変数も、①インプットとアウトプットの連鎖であるトランスベクション、②スループットにおけるビジネス・プロセス（バリュー・チェーン）を考慮して検討される。

　米国では、カテゴリー・キラーと呼ばれる量販専門店が、モンゴメリー・ワードなど衣食住にまたがる GMS という業態を衰退に追い込んだ。しかし、量販専門店優位の時代は、1990 年代にピークを迎え長続きしなかった。ディスカウント能力に長けた総合型 DS が、ラインロビングにより専門店のカテゴリーキリングに対抗したからである。ラインロビングとは、専門店に来店する消費者が求める売れ筋商品をさらに低価販売できるよう即座に大量仕入れし、その中でも圧倒的に人気があるアイテムに広い棚割りや売り場面積を重点的に割り当てることである。これで米国内のトイザラスは業績不振に陥った。

　90 年代のユニクロは、EDLP（エブリデー・ロー・プライス）を掲げていた。しかしながら、EDLP は、チラシ、イベント、ハイ＆ローによる揺さぶりに弱い。ユニクロは、経営陣の判断でチラシや値下げを最終決定し、週末を中心にした値下げにより集客を拡大する週末ディスカウンターに変化した。

　総合型業態であろうが、専門型業態であろうが、関連商品（水平的関連、垂直的関連）を取りそろえる際に、購買・来店頻度の点から制限をかける必要がある。米国では、非食品では、ヴァラエティストア、スーパードラッグストア、DS、そして百貨店の順で購買頻度が低くなる。実勢価格は購買頻度と反比例するので、その上限で品揃えの枠を決めるために、米国のDSでは、100ドル以上のものは、売っていても店舗全体の数％に過ぎない。購買頻度に応じた買い上げ品目数の増加につなげる品揃え上の鉄則として、「品目（アイテム）の購買頻度上の統一」が、ラインロビングにより徹底されている。

　国内の店舗数が多く、全体の総売上高が多くても、部門商品構成で標準化のない全国への飛び地出店では流通コストが高くなり、自社で物流センターをつくっても仕入価格と物流コストは下がらない。ウォルマートは、食品と非食品の全体で、出店地域の全小売に占める金額シェアはほぼ10％、数量シェアは20％を誇る。それは、配送効率を中心に据えたドミナント出店を行っているからである。大型店が足元をすくわれないようにするため、核店舗の周囲に小型店を展開する場所戦略である。ヤマダ電機は、従来の3分の1以下の周辺人口3〜5万人の小商圏も、競合の居抜き等により埋めてきた。ハイエナ対策効果の面は、米国における総合DSと限定DSの関係と同様に発揮されただろうが、過剰店舗の整理という問題も抱えた。

　日本でも、アパレル、靴、家電などの量販系専門店業態の中から、突出した優良企業が出現し、百貨店、総合スーパー、ホーム・センターなどコンビニ以外の総合型業態の業績が下降傾向にある。日本でも、総合型業態では、ワイド＆ディープを打ち出しているところもあるが、これまでも、ラインロビングによる品揃えをしないと専門型業態に対抗する効果は出ないといわれてきた。

　ところが、日本では、総合型業態がラインロビングにより大量市場を奪うという構図がすでに崩れてきている。それは、量販系専門店業態の優良企業が、ラインロビングの先手を打って推奨販売品を絞り込んでいるからであり、もうひとつは、既述の複数起点の実現力がはるかに遥かに卓越しているからである。よって、日本の場合、総合型等のDSの今後の発展に左右されるが、米国よりも量販系専門店の時代がより長く続く続いてきていた。すで

図 **1-3**、**1-4** で見たように、リアルな小売業の新業態創出は閉塞気味である。しかし、入出店方法や支払い方法などの販売方法、受発注の AI 化、ショールーミングのデジタル化版という面もあるライブコマースなど、バーチャルとのハイブリッドに近づくリアル業態という、業態分化が起きている。

1.2.5　4 つのアプローチの捉え方

　商学（⊃マーケティング）では、生産者と消費者の間を媒介する商機関も含み、単品市場に限らないで、「独立-非独立」／「売り手-買い手」の集合における売買［連鎖］の場［所］（**第 2 章**、**2.6.2**）に焦点を当ててメカニズムの解明、その必要性や重要性の解明に向かう。メカニズムとは、ここでは特に企業ないし「市場／非市場」における流通の状態を一定期に固定して捉えられるようになる「組織／システム化」原理のことである。

　有機的な組織化は人間の技能・スキル（⊃HI）に依存的であり、機械的なシステム化は技術・テクノロジー（⊃AI、IT、IoT）に依存的であるとして使い分けている。というのは、新たな創造やビジネス・モデル等のイノベーションの困難性が前面化するほど、企業では、組織のシステム化やシステムの組織化というシステミックな振幅における相互牽制的なつぎの振子状態を考え、それこそ打開（平均化に対する最大化）せざるをえないからである。①一方極に近づき過ぎた過剰代替的な組織化またはシステム化の状態、②その 2 通りの中間にあるとはいえ過剰補完的な状態。よって、第 2 章では、**図 2-5** を考える在り方をいい、**図 2-9** や**図 2-10** を踏まえ、上記①②のいずれをも打開する「創発への稼動」をいう。

　また、流通とは、マーケティングにとっても、これに先行する状況であるとともに、後行する状況でもある。したがって、流通を外因といえば、それぞれの企業が保有する生産力やマーケティング力などの各手段内と各手段間の関係は内因である。しかしながら、そうした外の状況と内の状態は固定化されるばかりではなく、さまざまな相互作用により、内の外化があれば外の内化もあるという意味で流動的である。そこで、場［所］に焦点を当てる際には、状況や状態とは、外部環境や内部環境をまずは静態的に捉えたものであるが、動的に捉えても尚且つ境界を引く必要があると銘記した方がいい。

　以上におけるイクスチェンジ（交換）やトランスフォーメーション（変換）をデジタル化も考えて踏まえて欲しいが、「だれが、どのように、なにを、いつ、どこで、」という5W1Hにも「総合-分析」/「抽象-具体」の程がある。よって、「マクロ-ミクロ」/「観察した対象の記述-目的的合理化などの規範（処方箋）」について、まずはつぎの3つのアプローチが伝統的にある。①識別した「主語（だれが）」から連鎖を説明する制度・機関別アプローチ、②識別した「述語（どのように）」から連鎖を説明するにおいて近代化において代表的となった機能別アプローチ、そして③「財貨（なにを）」から連鎖を説明する商品グループ別アプローチ。上記③では、上記①の主語と②の述語をより特殊な現実に近づけ識別するので「いつ、どこで」という限定はよりきつくなり逆にその分、現状からの動向を把握するにも当該連鎖に影響する外部環境要因などの範囲を広げることにはなる。

　上記①②③の集（小）計における単位化水準例を降順で示せば、それぞれにつぎが顕在的に識別されてきた。①［日本の］広義流通機構、狭義流通機構、流通経路／マーケティング・チャネル、各種の製造業者と流通サービス業者（差益商、手数料商、サービス業者）、それらの業態や下位業態。②流通サービスにおける既述5大機能、それらに不可欠な実際の下位機能。③担当機関やマーケティングの遂行様式がそれにより異なってくる常温保蔵か冷温保蔵かなどの商品［物理科学］特性も踏まえた商品グループ——**第2章2.3冒頭**の分類も細分化できる——、そのグループごとにある下位階層。ただし、潜在／発生的な単位への洞察が、上記の伝統的アプローチをますます豊かにする。

　そして第4に挙げておくのは、システム思考アプローチである。というのは、既述の「マクロ-ミクロ」/「観察した対象の記述-目的的合理化などの規範（処方箋）」のマトリクスにおいて、どの対象にも目標志向、全体性、階層性、内部相互作用、環境関連性などのシステム特性があると捉えるこの研究内容には、伝統的な3アプローチに①適用可能な面と、②可能性としてそれらを包摂する面があるからである。よって、対象をシステム特性から捉えようとするこのアプローチは、今日までの科学における基本的思考方法だというだけでなく、つぎへ対処する道標でもある。すなわち、［物理工学的な］機

械論的傾向や［化学生物的な］有機体論的傾向が強まるのは、バイアス下の人間にはノイズ化する人間になる面があるということである。この点には留意しながらも、ともかく以下の図式を抑えておこう。

　企業をシステムとして捉えれば、①企業を取り巻く環境からのインプット（投入）、②スループット（変換）、③環境へのアウトプット（産出）という形で把握される。スループットとは、インプットをアウトプットへと変換する構造と行為のプロセス（過程）を意味する。企業は、人・物・金・情報等、たとえば従業員・原材料や部品・行為資金・消費者の要求、という「経営／課業」のために必要な諸資源を獲得し、それらを基に生産行為、流通行為やマーケティング行為などを行い、商品や情報を提供している。そして、効率性（生産性）が高いとはインプットに対するアウトプットの比率が高いことであり、効果性が高いとはアウトプット自体の質が相対的に優れていることをいう。

　ここから、企業では、「効果性-効率性」の同時実現が追求されている。ただし、「効果-効率」／「主観-客観」をこえる価値こそが自由の担架体だ、ということについて考える必要がある。

［引用参考文献］

M. Aoki／滝沢弘和・谷口和弘（訳）（2003）『比較制度分析に向けて』NTT 出版

O. E. ウィリアムソン／浅沼萬里・岩崎晃（訳）（1980）『市場と組織』日本評論社

北島忠男・小林一（1999）『新訂流通総論』白桃書房

猿渡敏公（1999）『マーケティング論の基礎』中央経済社

地域生活インフラを支える流通のあり方研究会（2010）『研究報告書～地域社会とともに
　　生きる流通～』経済産業省

長谷川博（1996）「マーケティング・チャネル」『マーケティング論』商学研究社

長谷川博（2001）『マーケティングの世界』東京教学社（図 1-1、1-5、1-8 の初出）

三上富三郎編著（1974）『卸売業の経営戦略 1 成長への挑戦』同文舘

■ 第2章　マーケティングの基礎 ■

　第1章では、見えざる手に替わる商機関と流通機構への理解を誘った。本章は第1章より圧縮気味だが、マーケティングの入門基礎よりは標準基礎と、ミクロ基礎づけとマクロ基礎づけの凌駕に取り組んだ先進基礎に紙幅を割く。耐震基準が上がり倒壊しづらい家屋の基礎が敷設されるのと同じことだ。これからも時代を担う読者は、そういうことに気づかぬまま「今までと同じでいいか」と行為せず、みずからが先々に被る負荷への耐性を早目に更に備えた方がいい。この意図は、拙稿（2021）を読めばもっとよく汲んでもらえよう。

2.1　マーケティングの発達

　米国での歴史のみを一通りみるのは、第2次世界大戦以前までにすぎない。日本は、大戦後に「マーケティング」を本格導入し、米国等にキャッチ・アップする関係から1980年代には世界を席巻した。国内総生産（GDP：gross domestic product）順位は、一人当たりは日本が上でも、総額では既に中国が多く、2030年前後にはインドが日本を抜くとの予測がある。ただし、より下がれば2060年前後までに世界の5位以下になるかならないかにおける秩序／混沌の中で、1990年代以降の失われた数十年から70年間への決別のつけ方として、日本発視点のマーケティング発達に、日本の浮かぶ瀬はかかる。

2.1.1　現代的確立へのマーケティング

　マーケティング形態には、競争志向→顧客志向／共生志向←時空志向という流れがある。これらの基本的志向は、史学と学史学の産物であり、あたかも教典（正しさと間違いの区別を指示する道徳性の源泉である純粋理性）的な定言命法と処方箋（真理と虚偽の区別を指示する倫理性の源泉である実践理性）的

な仮言命法からなるマーケティング・コンセプトの深化と拡張をもたらした。

　競争志向のマーケティングでは、私的利害に基づく敵対だけでなく、他者と同等以上になろうとして自己の目標達成を追求する面を強調できる。つぎのように高度化した。①仕組みとしては広告中心のまだ素朴だった原型、②顧客を顧客とも思わず押し込み販売に走った現場での高圧型、③企業組織階層のより上層的意思決定として重視されるマネジリアル型、④競争戦略が叫ばれ高度な戦略性をマーケティング主導で引き受けようとした戦略重視型。

　顧客（買手）志向のマーケティングでは、品質等の非価格面を重視し、顧客のニーズ（欠乏充足欲求）やウォンツ（そのための具体的な手段）が満たされる程度や、時代状況による顧客満足の中身や購買力の再検討が求められるようになった。つぎのように高度化した。①高圧型への反省による顧客適応的な低圧型、②顧客の要求水準をこえた顧客満足の追求を徹底した CS 型、③顧客とのコミュニケーションによる相互理解を重視した関係性型。

　共生志向のマーケティングでは、ウィン・ウィンの相互利益をめぐり ALT（オルターナティブ）型と改良型があるが、後述の選択螺旋における相互利益へと共生の意味自体が問い質された。つぎの①と②から③へそして④がある。①個人と組織と社会の関係を考えたが ALT 型であるソーシャル型、②個人と社会の二項対立の改良型であるソサイエタル型、③上記の 2 重螺旋統合に向かった環境主義（グリーン）型。④発生論的に新しい共生型。

　時空志向のマーケティングには、**図 2-1** における対 ē（［拡張］現実、リアル）上と対 e（仮想現実、バーチャル）上がある。ブリックス・アンド・モルタルは ē 市場のみ、クリックスは e 市場のみ、クリックス・アンド・モルタルは双方の市場を対象とする企業である。つぎのように高度化した。①**図 2-2** のグローバル化による［拡張］現実での時空拡張型、②これに対するグローカル化による現実での時空再構成型、③IT（情報技術）やデジタル技術の発達により時空の制約から解放されようとした**図 2-1** にある e 型、④同図にあるハイブリッド型（［拡張］現実と仮想現実の複合現実型）。そして①か②かに、③か④が重合する。

図 2-1 eマーケティング関連概念図

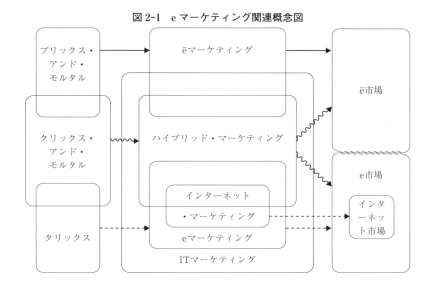

図 2-2 グローバル・マーケティングへの発達段階

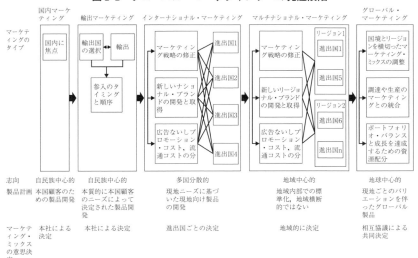

［出所］M. Kotabe and K. Helsen, 1998, p.10. 一部変更。

2.1.2　マーケティングの根源

「コンセプト化ないし理想-現実」/「間違ってる-間違っていない」という諸状況はある。それでも、第1に、売手と買手と世間の「三方よし」という戦後の標語の理念が、近江商人の家訓に確認されるとされている。その売手よしに会社従業員の満足（ES）を加えたのが、**図 2-3** のインターナル・マーケティングである。本書もしかり通常にいうマーケティングとは、同図のその他2つのマーケティングのことである。また、近年の SDGs、ESG がいうところは、先の三方と自然環境保全対応を接合した環境主義の再燃である。そして**図 2-4** のうち、分子生物学や進化生物学等が生命選択や自然選択を、進化システム論等が個体選択や集合体選択を掘り下げてきた。ただし、遺伝子決定や自然環境決定から初めて言葉や論理により自由に事物を考える存在になったのが、人間である。だからこそ、既述のマーケティング発達の流れにある基本4志向を知として汲み尽くすにも、同図の選択螺旋（スパイラル）の認識がない人間は、まだまだ心許ない。

　思考が至る選択には、チョイス（自分が選ぶ）とセレクション（自分が選ばれる）の2重性がある。社会科学では向上を含意する進歩として「進化」をいうので、循環よりは、お馴染みになってきた螺旋という方がいい。ここでは、「生命選択—個体選択—集合体選択—自然選択」の4階層を示した。ここには、進化経済学が通常にいうミクロとマクロのリンク（ループ）もある。

　選択螺旋は、無体の社会基盤である。これを崩す行為や制度がまかり通れば何処かに皺寄せが溜まり、この世はいい方向には向かわない。多くの社会問題は、ここから生じもする。とくに社会科学で問題となる集合体選択には、少なくとも会社等の組織選択、市場選択、社会選択という階層性があり、さまざまな認識論が入るほど尚のこと階層的に多層性を帯びる。よって、この集合体の中間レベルの設け方が、実は失敗の本だということが引きも切らない。

　そうならないようにすることが、次節（2.2）でいうマーケティング管理上でも最重要課題になる。なお、「認識-存在論」/「人文-自然科学」の区分にある知に精通するほどの社会科学は、その区分にある諸説を再構築する人間力と社会力を追究している。このことを踏まえ学ぶのがこれからの学びなのだ。

図 2-3　3 タイプのマーケティング

会社

インターナル
・マーケティング

エクスターナル
・マーケティング

クリーニング/
メインテナンス
・サービス

金融/銀行
サービス

レストラン
産業

従業員 ——— インタラクティブ・マーケティング ——→ 顧　客

［出所］P. Kotler, *Marketing Management*, 9th ed., Prentice-Hall, 1997, p.473.

図 2-4　選択螺旋

	人為	自然
内部	個体（個人）選択	生命選択
外部	集合体選択	自然選択

　第 2 に、つぎを踏まえて選択螺旋をより理解すれば、環境理解（2.2.2）に進める。①選択螺旋は、人為と自然、内部と外部のいずれがいずれに勝り決定論化するかで、4 選択の連鎖推移に逆転も生じる。②集合体選択については、組織でも市場でも社会でも、通時態は名こそ惜しめと果ては唯名化する場合があり、その目下の共時態に着目し内部と外部を考えざるをえない。③競働（つ競争）や協働（つ協調）といった組織［間］の相互作用行為では、**図 2-5** の I と IV が対外的組織行為、 II と III が対内的組織行為の基本原理だが、理論でも実践でも逸脱がある。

　米国マコーミック社以前の極東アジアにマーケティングの根源を見出した越後屋三井呉服店(1673 年創業、現・三越百貨店)への記述がある。そこでは、企業目的である顧客創造に 2 つだけの基礎機能として、外部から察知した要求に組織の作動を適応させることであるマーケティングと、この適応のために組織をみずから常に変えることであるイノベーションを並び称した。そし

図 2-5　対内対外行為

	競働	協働
代替	I	II
補完	III	IV

図 2-6　「生産-流通-消費」の3点動化

	生産	流通	消費
生産	I	V	IX
流通	IV	II	VII
消費	VIII	VI	III

　てこれが完全にできるならば、販売は無用になるといった。なお、販売は無用になるというのは、指名買いを増やすプル効果への着目に過ぎないと見做せるので、ゆえにマーケティングの中核提供が販売行為であることにかわりはない。

　このような根源の起源への遡りはあるが、米国の 1900 年代から 20 年代に発生し萌芽したマーケティングは、**図 2-6** のマトリックス・地平（地表）のIVとして発生した。同図の I は生産者による純粋生産、II は流通業者による純粋流通、III は消費者による純粋消費である。が、ここでIVを生産者の VMS（⊃日本での流通系列化）といえば、V は流通業者の流通加工や第 1 章（**1.1.5**）で述べた商業の兼業状態ないし逆流通系列化（⊃SPA 化）、VI は流通上での業務用使用（場所的／時間的効用を生まない企業組織目的の消費）、VII は消費者の買い物行動、VIII は生産上での業務用使用（形態的効用を生まない企業組織目的の消費）、IX は消費者の DIY（⊃日曜大工、HI）である。

　ただし、同図における自然な流動性は、柵に囚われる立場で堰き止め返されもする。それでも、なんらかの立場に偏向的な面を、嘘つきは泥棒の始まりといわれないよう、前項（**2.1.1**）のように極力壊発してきてはいる。ただし、それぞれに売買（賃貸借）の両面がある「生産-流通-消費」の3点動化は、「生産-流通」の2点動化より複雑になるので、確率論的リスク以上の言語（⊂記号）では語りえない不確実性を放置する言語決定に陥るか否かになるものだ。

　語りえないときには、ブルース・リーの映画台詞の体感も要する。こうした諸々の立場から視点を自由置換し自立歩行するのが、ポスト・モダンのマーケティングに根源的なありよう（実存／幹）である。

2.2 マーケティング管理論

　企業は複数事業化するほど、**図 2-7** 全体の中でマーケティングをより統括的に考える。同図の製品／チャネル・ミックス戦略における同業他社との「異質性と同質性」／「参入障壁と移動障壁」の反映が、**図 2-8** の戦略グループの例化である。この辺りは、標準基礎である。ただし、顧客なりのニーズやウォンツ等への洞察やコスト負担意識、コミュニケーションのありようから、４Ｐ要素間の仕組みを絶えず再検討することで、顧客への適応や顧客の創造がより叶う高度に優れたマーケティング戦略が策定できる。

2.2.1　統括的マーケティング管理

　マーケティング・カンパニーの条件を満たす売れ続ける仕組みは、過剰適応を避けるが、つぎのつくり上げである。①環境理解に基づく SWOT 分析による自社コア・コンピタンスと環境にある主要成功要因の明確化とプログラム（下位事業）の構成と使命と定義→②STP（市場の細分化／標的化と立ち位置の差別化）→③製品ライフ・サイクル（第１章 **1.2.3** での小売業態を製品に置換えたライフ・サイクル）や競争地位（リーダー、チャレンジャー、フォロワー、ニッチャー）を考えたマーケティング・ミックス→④その要素４Ｐごとのサ

図 2-7　戦略的意思決定連鎖

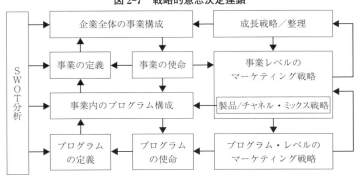

図 2-8　化粧品業界の戦略グループ

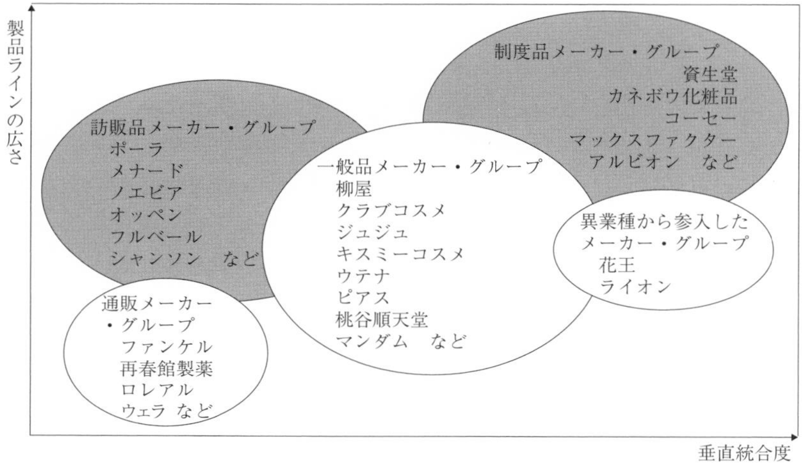

製品ラインの広さ

制度品メーカー・グループ
資生堂
カネボウ化粧品
コーセー
マックスファクター
アルビオン　など

訪販品メーカー・グループ
ポーラ
メナード
ノエビア
オッペン
フルベール
シャンソン　など

一般品メーカー・グループ
柳屋
クラブコスメ
ジュジュ
キスミーコスメ
ウテナ
ピアス
桃谷順天堂
マンダム　など

**異業種から参入した
メーカー・グループ**
花王
ライオン

**通販メーカー
・グループ**
ファンケル
再春館製薬
ロレアル
ウェラ　など

垂直統合度

図 2-9　行為

	意思決定	実行
経営	経営的意思決定	経営的実行
課業	課業的意思決定	課業的実行

図 2-10　意思決定における戦略と戦術

	計画段階	実行段階
定型的	計画的戦略	計画的戦術
創発的	創発的戦略	創発的戦術

ブ・ミックス、そして⑤上記全過程でのマーケティング・リサーチ。ただし、以上のうち上記④の基礎を、次節以降でいう。

　以上の仕組みを実践稼動させるには、競働と協働を考えつつ、**図 2-9** や**図 2-10** の区分にある諸行為を PDC（S）A に掛けることが、計画制御中心的なマーケティング管理である。定型的行動になることを還元といえば、非定型的活動の発生を創発という。創発的戦略は、実行段階で発生し計画（設計）段階で承認されるものである。ただし、つぎの点は重要である。①創発を育まないマーケティング管理からイノベーションは生まれない。②管理過程の各段階への結果（成果）に基づく状況固定的なフィード・バック（FB）に加え、その結果が生じる状況や制度自体を変える FB 制御であるフィード・フォワード（FF）。

2.2.2 環境理解の桎梏をこえて

環境は、まずはつぎのどれで区分するかに始まり、結局はそれらの3次元化で区分されるようになる。①人為的環境（市場の環境を含む制度的環境と非制度的環境）と自然的環境という次元。②直接的環境と間接的環境という次元。そして③内部環境と外部環境という次元。この点では、人間の体内にさまざまな共生菌がいるわけで、内部なる外部、という捉え方は重要である。統制可能か不可能な要因かというだけで内外を区分することは、必ずしもできない。そして、過去、現在、未来という時間の流れを入れると、4次元になる。

しかも以上の各次元について、両極に囚われたスペクトラム化上での線形区分（線引き）とは別に、その両極をぐるっと回しつなげ両極を省略するかのようなソライティーズ化が、今では先進的にも思える人間の英知として必要になる。

その上で、当事者は、下記の①から⑦が上記の時空間上のどこに位置づけられるかとより具体的に考える。①消費者行為、②産業内間における競働や協働、③有力生産者の川下流通行為とNB開発行為、④有力小売業の川上流通行為とPB開発行為、⑤有力卸売業の川上／川下流通行為とPB開発行為、⑥流通の近代化やシステム化という発達／発展、⑦代替／補完／新規参入行為等。ただし、それが必ずしも固定化し続けられるわけもなく逆に常に流動的でもあり、よって複雑であり不確実だともなる。この点で現実の把捉に失敗していれ（いけ）ば、うまく稼動するわけがないので優劣がでる。これは、AIのHI化とHIのAI化において、一方に任せず、両方で取り組むしかないことだ。

ところで、環境は、さまざまな人間とそれ以外を含む全体である。よって、特定の環境理解が合理的だ非合理的だとは、つぎにより必ずしも言えなくなる。①さまざまに溢れるノイズやバイアスによる妨害や感染。②個人／製品／商品／事業／産業ライフ・サイクル上での短期／中期／長期といった時間長区分の階層間でのズレに左右される追求目標のちがい。③感情の排去できなさ。

上記の①と②は後述するので、ここでは③だけをいう。感情については、

絵画等のアートでさえ知性でみるものだとまでいい知性的行為を阻止すると
の否定的見方と、知性的行為に不可欠な場合もあるとの肯定的見方がある。
後者は、つぎをいう。①感情がもつ非合理性ゆえの適応価。感情を謳歌し捲
るところのロマン主義への単純回帰ではないが、感情を押し殺し過ぎると行
為の適応度を節約的に支えられなくなる。②感情が固有にもつ合理性（「感情
的知性」）ゆえの非機械的な適応価。2.6では、納得を重視している。知と意
の主張に折れようが、情の同調がないと人は納得しない。感情は社会文化的
な影響下で個々人に後生的に習得されるという仮定には、無理がある。そう
いう社会決定論的な感情が自分の感情なのかと疑いもしない者ほど、選択螺
旋を怖ろしくも崩しかねない。

2.3　製品と製品開発論

すでに製品の分類にはつぎがある。①産業用（資本用と生産用）、消費用。
②有体、無体、情報。③耐久、非耐久。④衣、食（生鮮3、加工）、住関連。
⑤最寄、買回、専門、人によりける非探索（非国産、遺伝子組換え食品、生前
葬儀プラン等）。⑥販売可能、販売不可能、いずれかだと無闇に判断できない
中立選択（発生確率と固定確率の一致を定式化した中立選択進化論を製品開発上で
鑑みさせる、出来損ない接着剤の転用によるポストイットの爆発的ヒット、水揚げ
量の3割に相当する廃棄魚種の食用化等）。⑦再生可能廃棄、最終処分廃棄。

2.3.1　製品と商品概念

それらの製品は、**図 2-11** でいえば、人為が施されていないⅠ（人類由来で
はない製品以前のものつまり未採取の天然資源）に、生産や流通という人為の一
方が施されたⅡ（流通即製品）やⅢ（生産即製品）、またはその両方が施された
Ⅳ（最狭義製品）である。

このⅡやⅢやⅣである製品を、いかに他者にとっての財として商品化でき
るかと、①製品本体、②パッケージ、③ブランド、④価格、⑤表示という要
素から、**図 2-12** にある仕様に反映される要求、仕様、品質、価値を考える。
仕様とは、製品が要求を満たすのに必要な属性と機能に関する情報の記述で

図 2-11　製品

	流通なし	流通あり
生産なし	Ⅰ	Ⅱ
生産あり	Ⅲ	Ⅳ

図 2-12　要求と仕様

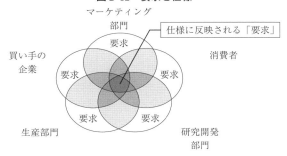

ある。品質とは、製品の仕様水準とその現実水準の一致である。価値は、通常にはコスト対ベネフィット、費用対効果ともいうが、後述する主観説と客観説がある。ハイブリッド・マーケティングでは、**図 2-13** のすべてを考える。

　有体財は物質の状態や挙動が財、サービス（無体）財は「人ベース–物ベース」／「身体に作用するハード行為–心脳に作用するソフト行為」が財、情報財はリアル／バーチャル情報そのものが財である。リアル情報は有体財／サービス財を、バーチャル情報はコンピュータ脳（AI・人工知能）による仮想現実財を担架体とする。有体財を担架体とするサービス（無体）財は、賃貸借される有体財である。ただし、商品化では、買手にとって財ではない製品を組合わせて販売すれば、抱合せ販売になる。

2.3.2　製品ミックスと 3 つの開発論理

　さまざまな製品ブランドおよび製品アイテムを有するさまざまな製品ラインから、製品ミックスが成り立つ。製品ブランドとは、ブランド階層を上げ

図2-13 財の態様

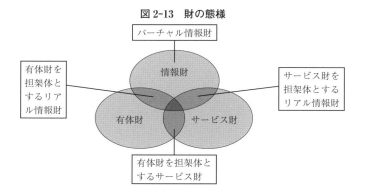

複数の異なる製品ラインに跨る場合があるものの、他群とは異なる名称で区別される製品群であるが、ここで言うのは**図2-14**にあるブランド・スポンサーになる場合である。製品アイテムとは、製品ブランド内の最小単位であり、サイズ、価格、外観、その他の属性が他とは若干でも異なれば識別され、品番管理、在庫管理の単位にもなる。製品ラインとは、同じような機能を有しているか、同一の顧客グループに販売されているか、同一チャネルを通じて販売されているか、特定の価格帯に属しているかという点で密接にかかわりのある製品群である。製品ミックス（商業では製品アソートメントという）とは、ある売手が販売するすべての製品ラインおよび製品アイテムからなる製品構成である。

　個々の製品開発は、この製品ミックスに関する意思決定に基づき行われる。製品ミックスは、その①長さ、②幅・広さ、③深さ、そして④一貫性という観点から検討される。製品ミックスの長さとは、それぞれの製品ラインの長さの総和、すなわち製品ブランドの総数および製品アイテムの総数である。製品ミックスの幅・広さとは、製品ラインの数である。製品ミックスの深さとは、すべての製品ライン内の各ブランドのアイテム数の総和である。製品ミックスの一貫性とは、さまざまな製品ラインが最終用途、生産条件、流通チャネルその他における関連の度合いである。ただし、製品ミックスを効果的に考えるには、消費者によるカテゴライゼーションの視点から、製品

図 2-14　ブランド化の選択肢

	ブランド化	非ブランド化
自社ブランド	ブランド・スポンサー （ブランドの名付け親）	ノー・ブランド （一般的な名称のみの製品[*1]）
他社ブランド	ライセンスド・ブランド （使用料を払い自社製品への使用権を 獲得している他社のブランド[*2]）	OEM ブランド （相手先ブランドによる 製造の場合[*3]）

[*1] パイナップルの缶詰など廉価な食料品や日用品に多い。ホールセール・クラブで見かけることが多い。近年では医薬品で急増している。ジェネリック・ブランド、アンブランドなどともいう。
[*2] ディズニー・ブランドの製品などによく見られる。
[*3] 家電製品でも、自社ブランドをあえてつけずに、開発や製造だけに特化している場合がある。

階層および消費者の心の中にある製品カテゴリー階層に関する知識が必要となる。

　製品開発過程は、①アイデア創出、②アイデア・スクリーニング、③製品コンセプト決定、④市場導入計画、⑤製品開発、⑥市場テスト、⑦市場導入からなる。ただし、それで何がつくられているのか。製品だけでなく商品化に必要なチャネル視点も加味すると、つぎに収まる。①有力メーカー主導型（エクセレント NB、ブランド頼み NB、建値制下のスタンダード NB）、②有力小売商または卸売商主導型（非有力メーカーの低位ブランド商品、コモディティ型 PB）、③二面的関係型（オープン価格制下のスタンダード NB、コモディティ化 NB、小売業態別 NB、特定小売商向け専用商品）、④製販同盟型（スタンダード NB 挑戦型プレミアム PB、エクセレント NB 挑戦型プレミアム PB）。

　そして、政府開発援助等も絡むトランスベクションを考えることになるが、価値［共創］実現の前提である製品開発の論理を、有体財を中核に組み立てるのか、サービス財を中核に組み立てるのかと、少なくとも上記③製品コンセプト決定の段階までに決定することは、重要である。さらには、図 2-13 にもある情報財を中核に組み立てる論理もある。ここでいうのは、より外部にある情報がより内部にあると人間が思えるような方向に進めているところの経済財として取り上げる情報の理論に基づく。したがって、価値共創が求められる事業や製品ほど、既述の「生産-流通-消費」の３点動化と以上３

つの開発論理の3点動化に対峙する製品開発が、マーケティングによって追求（究）される。が、延期／投機原理がいうことにFFが混入しやすくなった現実がある。

2.4 プロモーションとコミュニケーション論

有望な見込み客の探索、接触、説得により、みずからの商品に興味、関心、欲望を抱かせ、信託の下で売買（契約成立）に導く機能が、販売である。今日の生産は社会的分業の下に市場生産、商品生産として営まれている以上、販売が重要なのだ。販売形態は、まず、有店舗販売／無店舗販売に区分できる。さらに前者は対面販売／セルフ・サービス販売に、後者は肪問販売／通信・カタログ販売／インターネット販売／自動販売機販売に区分できる。

第1には、これらの販売の広義促進（プロモーション）をいう。第2には、まず、敢えてここでパブリシティとPRを説明しつつ、企業との取引により傍系的流通機関の面ももつ報道機関と生産者や商機関等の関係をいう。つぎには、通常化したコミュニケーション・モデルの踏まえ方をいう。

2.4.1 プロモーション・ミックス

有店舗販売や訪問販売を促進する中心は、資質に優れ十分訓練されて適切な接客を担う販売員行為である。販売員にはつぎがある。①店内で商品配置や接客を行うクラーク（ショップ・アシスタント）。小売業態によっては、化粧品の美容部員等、メーカーからの派遣販売員も常駐的にいる。②購買不確定者の需要を創造し取引を成立させるオーダー・ゲッター。③購買決定者ルートを定期に巡回するオーダー・テイカー。④受注活動に直接に携わらず新商品案内等を行うミッショナリー・セールスマン（プロパー）。⑤精密機器や医療医薬分野に多く技術・技能的サービスを行うセールス・エンジニア（テクニカル・セールスマン、メディカル・レプリゼンタティブ）。⑥ピッカー。しかし、販売員行為を援護するためには、広告、陳列、SP、そして企業のマーケティング目標達成に役立つのでパブリシティやPRも、プロモーション・ミックスに要素化され管理される。

事前販売とも呼ばれる広告や陳列に成功すれば、一時に多数の買手を喚起し集客し大量販売につながる。とくに製品ブランドを訴求する広告は、競争市場における差別的優位性として強力なプル効果（指名買いの増大）を生み出す。よって、販売員行為は、商品と引き換えに代金を受領するだけの単純で機械的なものになる。なお、広告主である企業自体を訴求する場合もあり、これは制度広告または企業広告と呼ばれる。

広告には、訴求目的とメッセージ（言語等の表現である原情報メディア）内容からつぎの区分がある。①導入期新製品に主に用いられ、製品仕様等の解説的な情報が中心となる情報提供型広告。②競争期製品に主に用いられ、自社ブランドへの選好を獲得しブランド・スイッチを促す情報が中心となる比較広告を含む説得型広告。③成熟期製品に用いられ、ブランド・ロイヤルティを維持拡大する情報が中心となるリマインダー広告。また、広告メッセージの派生的メディア（物理的情報キャリア）には、マスコミ4媒体、看板、ネオンサイン、交通機関の車体・車内・駅舎、カタログ、折り込みチラシ、SNS等がある。

セールス・プロモーション（SP）は、上位概念であるプロモーションとの混同を避けるため、SPと略称されたり、狭義販売促進と訳される。SPは、特定商品の即時的購買とより多くの購買を促すために短期的に計画される、消費者向けや流通業者向けの誘因諸手段を指す。つぎの重要性が高い。①試供品・見本品のことであるサンプル。②ある商品の一定額の割引を約束した証書であるクーポン。③おまけのことであるプレミアム。④応募券を郵送させ、抽選で旅行、賞品、賞金を提供する懸賞のことであるプライズ。懸賞金の上限規制が1996年に緩和され、懸賞を大々的に多用する企業が増えた。⑤店頭陳列の一種として消資者が購買時点で目を引かれるPOPディスプレイ。その他に、展示会やショー、店頭実演販売、愛用者の会、各種コンテストやコンクール等が含まれる。

2.4.2　コミュニケーション・モデルの再考

まず、**図2-15**が、報道機関が発信者となる受信者向けパブリシティ（サービス財／情報財）の区分である。つぎの諸手段がある。①重大な企業情報を伝

えるニュース・パブリシティ。②被害甚大な事故等での適切／誠実な企業対応を伝える緊急事態パブリシティ。③報道機関側の解説者と企業経営者の対談、企業努力のドキュメント、シンポジウム等の番組パブリシティ。④企業のパブリシティ担当者や第3者的専門家が内容をつくるが、受信者に趣味趣向や生活の知恵等の情報／提案を与えるサービス・パブリシティ。⑤継続的に撮影チャンスを狙う専門カメラマンを配置することでの莫大な費用をかけず、企業等が提供するニュース価値ある写真や動画を使うピクトリアル／ビデオ・パブリシティ。

　発信者として社会的責任を負う企業が、消費者／一般／経済／業界向け等の紙誌面や放送映の時間を、広告料を支払い買い取るのが、広告である。これに対しパブリシティは客観性が高いと受信者に信用されやすいのは、公共電波を使うならば尚更に発信者として社会的責任を負う報道機関が、原則無料でみずからの派生的メディアへの掲出の是非を企業の発信情報に下すものだからである。ただし、企業や報道機関は、第3者（情報流通における代理／仲立機関）に委託し、メッセージをつくることもある。よって、報道機関への企業の働きかけがあってもなくても、情報流通機能の覇権者たる報道機関による取材行為等のジャーナリズムとしての憮然たる質が求められる。そして、その反映である報道機関のメッセージに対して、消費者の知る権利に応じる責任が問われる。

　ただし、修正主義から株主第一主義を誘発した金融主義そしてステイクホルダー（利害関係者）主義への資本主義の移行が、拡大するとも言われている。そのほど、企業には、パブリシティとの比較でPRの重要性が増す。PRやこのうちマーケティング目標の達成に直接役立つMPR（marketing public relations）とは、ステイクホルダーとの間に健全良好な関係を構築維持しよう

図2-15　パブリシティの区分

掲出コスト ＼ 内容	非受信者に配慮した一般性、特殊性	非受信者に配慮した視聴率性
報道機関が負担する	①、②	③
報道機関の節約に補填あり	⑤	④

図 2-16　パブリシティと PR と広告

	企業	報道機関
企業	広告主（発信者）化	発信者の報道機関化 PR、MPR
報道機関	報道機関の発信者化 パブリシティ	広告の媒介者化

とする企業のパブリック・サービス行為である。パブリシティの諸手段が、報道機関であるかのような立場で実行される。なお、企業イメージの明確化、刷新、新規事業進出に伴う創出を統一的に管理するコーポレート・アイデンティティ（CI）を、これらに先行させる必要はある。

　つぎに、**図 2-17** のモデルではなかなかみえてこないこともいう。コミュニケーションとは、何らかの派生的メディアを介して交信し、互いに望ましい関係性をつくりだす過程である。発信者と受信者は反転するが、みずからの行為（コメッセージ）の影響を次回の行為に反映させる FB／FF と、みずからのあり方をみずから作り変えている学習（専門用語はもとより、日常用語といえども翻案や解読における自動機械的不全のない学習）という 2 項の無限ループを、矛盾しないように多階層化（論理階型化）するか、言語の不完全性からして暗黙知を必ずしも解明しようとはせず——ブルース・リーに及ばずともいくぶんか解決できる場合にその解決は暗黙知の形式知化になるのか——**図 2-6** のように 2 点／3 点動化するかに分かれる。さまざまな提起の営為の大本は、ここにある。

　読者それぞれに、つぎを考えれば、具体的に思い当たる節が少なからずあるだろう。①主体が事物の見聞きに向かうとき、学習／FB 志向の開閉度により、みずから見聞きしたい事物だけに囚われるなど、予期の範囲は異なっている。レントゲン写真を診てもテキストを読んでも、注意と解釈が異なるように。②その上で、主体は要求する発信者なのか、要求を受容する受信者なのか。要求上にある意味は、制度の衣を着ているのか、その衣をジーンズのように破って着ているのか。どのように、いずれに傾くのか。ともかく意味の押し売りを、プロパガンダという。③発信者と受信者の間での学習／

図 2-17　通常のコミュニケーション・モデル

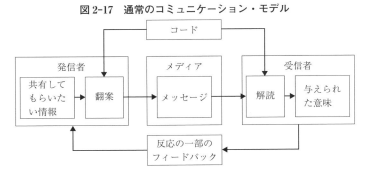

すべての→においてノイズが内在している

FB／FF 関係において較差があるほど、音波は生じても音声が聴覚ないしその他の五感を喚起せず脳裏で像を結ばず、左右耳をすり抜ける言葉が多くなる。学習／FB／FF のフリ（偽装）が一方ないし双方に部分的にせよあるほど、余計にそうなる。

　ということが隠れているわけだが、**図 2-17** のモデルは、コミュニケーション上の表現過程に言語的転回を導いたつぎの2派の影響が色濃い。①ヒトの言語行為は、能記（意味するもの・指示記号）と所期（意味されるもの・指示物）が一体となった「ラング」（言語共同体が用いる多種多様な顕在的制度である母国語体）と、「パロール」（ラングを運用する個人等のコード行使）から構成されるとするソシュール由来の構造論的形式主義派の展開。②その形式を統語的表層構造、対する内容を統語的深層構造と言い換え、異なる前者が同一の後者をもつ、あるいはその逆もあるというチョムスキー由来の変形文法派の展開。

　しかし、文法的な統語構造とは意味の抽象的側面であり、意味論的外示一般とは共示一般が圧縮された指示系だという日常言語派や論理分析派等もいう意味とは語りえる具体的側面だが、その両面が言語に本質な意味である。そこで、意味とは言語が実は担う「対象・指示物（商品）-コード行使者の認識-表現（メッセージ、FB／FF 情報）」の関係／行為過程だと受け取れる説から、西洋と東洋を一緒くたにしないコミュニケーション再考になる。

2.5 マーケティング・チャネルと取引関係論

第1に、既述の**図2-7**と整合的なチャネルの統括的管理のうち、需給調整や売買取引に直接関係する機能と事業レベルにも跨る生産者の商対応をマーケティング・チャネル（以下ではチャネルという）の視点でいう。情報財も含むほど、直系か傍系の区分に拘らない委託関係もより考えることにもなる。よって、つぎからの現実知は、チャネル管理にとって入門基礎となる。

流通する生産物の種類と数量や市場範囲の拡大につれ、生産者と商業者には運送業務の兼担が、つぎから次第に困難となった。①近代的運送手段を所有する巨額資金調達の困難性、③採算維持に必要な運送量確保の困難性。そこで、彼らとは別個の独立資本により、広く不特定多数の企業や消費者を対象に運送機能の専門的担当者が出現し運送業として確立した。まずは①陸上運送を担当する鉄道業や水上運送を担当する海運業、そして②自動車運送業や航空運送業。

今日でも、大部分の彼ら（あるいは消費者）ですら、みずから運送手段（自家用車）を購入し、部分的にはある程度の自家倉庫（家電冷蔵庫）を保有し、製品、商品の保管機能を果たす。保税倉庫を保有することもある。ここでも

図 2-18　企業・事業・機能レベルのチャネル戦略

チャネル戦略レベル		企業レベルのチャネル戦略	事業レベルのチャネル戦略	機能レベルのチャネル戦略
計画期間		長期（5年以上）	中期（1～5年）	短期（1年以内）
戦略の基本的性格		資源（内部・外部）展開	競争対応	顧客対応
戦略立案・分析単位		戦略的チャネル単位（SCU）	SCU別のチャネル競争の単位	個別チャネル単位、チャネル・メンバー
製品集計レベル		SBU（戦略的事業単位）	事業内の製品ミックス	製品ライン、ブランドなど
戦略構成要素の特性	ドメイン	チャネル・ポートフォリオの領域と多種多元化	製品・チャネルの細分化と選択的育成	製品・チャネルのセグメントとチャネル・システム
	資源配分問題	チャネル・ポートフォリオ問題	各SCUごとの事業間調整	残余のマーケティング要素とのバランス
	競争優位性	対産業	対特定競合企業	対特定競合製品
	シナジー	投資シナジー	販売シナジー	残余のマーケティング要素

同様の困難性から、専門的な保管機能の担当者が出現し、倉庫業として確立した。ただし、所有権を取得した生産物を一定期間保管（在庫保有）する商業者とは異なり、保管期間中の貨物に起るすべての危険を負担することはない。

そして第2に、まずは取引関係のもはや標準基礎として現実の家電流通進化を例化する。つぎに先進基礎として、その例化にある非対称的関係上のパートナーシップと先述のコミュニケーション論もつながる取引関係をいう。

2.5.1 生産者の商対応

商業者にも、売手としての販売側面だけでなく、販売機会損失を避け各種商品を取り揃える買手としての購買（商業者の場合に通常は仕入れという）側面がある。つぎが、商業者にとっての適切な仕入れ条件である。①自店の顧客層の需要に最もよく適合し回転率が高い適切な商品、②在庫不足による販売機会の損失や逆に在庫過剰に陥り資金効率の低下や保管コストの増大を招かない適切な数量、③必要な時期、④仕入れ地の問題や直接・間接仕入れのメリットとデメリットを勘案した適切な購買先（仕入先）選定、⑤品質や購買先や購買時期からの適切な価格での購入。こうした商対応戦略として、生産者による機能レベルのチャネル戦略には、つぎの3側面がある。①チャネル設計戦略、②交渉戦略、③チャネルごとのその他3Pミックス戦略。

チャネル設計戦略は、標的市場が要求するチャネル成果（サービス・アウトプット）水準に適合するチャネル段階数（長さ）と各段階における商業者の特定地域内の数（市場露出）に関する意思決定である。前者については間接販売と直接販売が、後者については開放的、選択的、排他的という露出度が区別される。が、同時に、商業者へのコントロール度（市場型、中間組織型、内部組織型といった垂直的統合度）を孕んで論じられる。むろん、ここでも、既述の製品についての要求と仕様（**図2-12**）の考え方と同様に、意思決定をおこなう。

しかし、設計上のチャネルを実現し維持するには、メンバーとすべき流通業者との交渉戦略が必要になる。交渉は、チャネル成果を満足化／最適化すべく、取引関係上での協働的役割と報酬について合意する過程である。したがって、チャネル設計戦略と交渉戦略は表裏一体の関係にある。

　そして、チャネルごとのその他３Ｐミックス戦略は、**図2-15**からも分かるように、パワー・バランス上からも、今日チャネルごとに一貫した仕組みをつくる必要のある場合が少なくないので尚更に強調できる。この点は、マーケティングの中核提供が、販売行為だという証になる。ただし、インターネット販売の増大による生産者の直接販売は、商対応において、物流業者やプラットフォーマーへの依存度を高めている。

　チャネル・ミックスは、製品ブランド、製品ライン、事業全体等の階層ごとに構成されるチャネル・タイプ（以下単位タイプという）の組み合わせである。タイプは、メンバーとくに小売商の経営形態かつ販売形態から識別される。チャネル・ミックスでは、製品ミックスと同様に、「幅」、「長さ」、「各タイプ間の類似性や競合性」を考える。幅とは、タイプの数をいい、長さは各タイプの段階数の平均をいう。従来までならば、同一の商品を、系列店とディスカウンターの両方に流せば、両者の競争は必至となり、チャネル・コンフリクト（以降では単にコンフリクトという）が生じてた。ところが、以上のチャネル戦略下でチャネル課業が定型化されても、チャネル目標に照らし高水準成果が確保されることはない。チャネル戦術は、実行段階中の事態即応的行為だが、とくにメンバーを動機づけるパワー行使によるコンフリクト（葛藤、衝突）管理を中心とし、課業的であるばかりかときに経営的でもある。ただし、上司と部下のいずれが定型的か創発的かの固定観念は、捨てよう。

　あるメンバーのパワーとは、特定チャネルの異段階にある他のメンバーの戦略意思決定に影響を与える能力である。その源泉は、専門的か非専門的か、経済的か非経済的かに区分される。リーダーシップとは、コントロールを達成するためのパワーの行使である。コントロールとは、将来の出来事を予測したり好ましい成果を達成する能力である。コンフリクトは、あるメンバーが、みずからの目標達成を他のメンバーが妨害していると知覚している状況であるが、つぎの５段階の状態に分類されもする。①源泉が潜伏している、②単に知覚されている、③上記②に緊張や不安や不満が加わり痛感されている、④目標達成を妨害、阻止する行為にでている、⑤解決または抑圧の余波。

　コンフリクトは逆利用もできるが、そのマイナス影響を解消するしかないならば、当事者解決か外部介入解決という管理方法がとられる。前者には交

渉（説得や駆引き）、相互浸透（教育・宣伝や分派吸収・人員交換・同業者組合への加盟）、外交員派遣、上位目標設定、ロビイングがある。後者には調停、仲裁、裁定がある。いずれにしても、つぎのコンフリクトの源泉をよく認識する必要がある。①目標の非両立性、②ドメインに関する同意欠如、③現実認識の相違。

2.5.2　取引関係の再考

　取引とは、競働をその一部とする協働であり、取引しなければ獲得／創造できない利益や価値の共創であり、継続化するほどさらにその先へと取引当事者が進むための相互作用行為である。また、企業間の取引は、取引当事者間の対称的関係は無論のこと、非対称的関係（リーダーとフォロワーの関係）においてさえのパートナーシップへも開かれている。そして、消費者が何をそれこそいかなるチャネル経由で買うのかというつぎの購買パターン区分に着目する必要がある。①シングル、②マルチ、③クロス、④オムニ（ハイブリッド）。

　まずは、1970年代前半頃までの第1期、過渡期、2000年代以降の第2期における家電流通進化の第2期を例化する。主宰者（チャネル・リーダー）が、上記②以後の購買行動に適応して市場露出度を高めタイプ数を増やすほど、そのチャネル・ミックスには**図2-19**のⅠにⅡやⅢそしてⅣのタイプが混在してくる。しかし同業態内や異業態間の小売競争等による上位集中化で、タイプ数はマクロに適正な最小多様度に向かう。家電流通の場合、下記②の中のディスカウンターとインターネット販売を別区分とする第2回目の過渡期を画す事象の可能性は高まるが、つぎの9タイプがある。①旧日本電気大型店協会加盟店と非加盟店（49.9%）、②その他（19.4%）、③大型カメラ店（12.5%）、④地域家電店・メーカー系列店（7.7%）、⑤電材・住設機器店（6.1%）、⑥スーパーマーケット（2.7%）、⑦ホームセンター（1.6%）、⑧百貨店（0.1%）。2007年時点の上記のシェア以降、主要メーカー5社の各社チャネル・ミックスにおける系列店チャネルのシェア（メーカによるが12%〜34%）は、どれも下げ続けている。

　その後の過程で、メーカーの流通系列化に代わり、広域ないし全国展開等

図2-19　チャネル間関係

		類似度	
		低い	高い
競合度	低い	I	II
	高い	III	IV

図 2-20　地域家電店の組織化戦略の移行

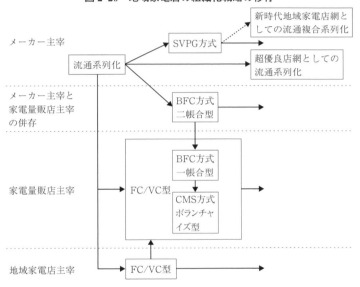

の大規模家電量販店チェーンが地域家電店の活性化（再生・自立・拡大）に急速に寄与した。そこで、メーカーから大規模家電量販店等に乗換える地域家電店が増加した。この最中以後の地域家電店の選択肢と岐路を、**図2-20**が示す。地域家電店のシェアは、その選択肢の盛衰と流通政策の関数である。ただし地域家電店経由が百貨店経由衰滅の二の舞を踏むといえないのは、そのマイナス成長率を様々な業種で衰退段階にある小規模零細商と同一視できないからである。

　SVPG（シャープ・バリュー・パートナー・グループ）方式は、排他的チヤネ

ルであった流通系列化が、メーカー間の相互利用または共同開発パターンの
チャネル提携に基づく、「流通複合系列化」への高次化を秘めている。それに
は日本の家電メーカー各社が、国際競争力低下等をこえた協働パワーを発揮
し、二帳合および多帳合型の併売・混売店として、地域家電店の新時代実現
に向かうかだ。帳合とは、各主宰者がメンバーの仕入先を何社かに指定する
ことである。

　近年ではメーカー主宰系列店は主要5社全体で19,375〜22,142店（7〜8割
がパナソニック・チェーン15,500店から推計、2008年には5社全体で32,100店）
であるのに対し、BFC（ベリーズ・フレンド・チェーン）の加盟店だけでも2019
年に11,664店である。家電量販店主宰の代表格であるVC型のBFC方式二
帳合型は、従来からのメーカー主宰の流通系列化との共存をメッセージ化し
ており、加盟店が急速拡大してきた。また、それがBFC方式一帳合型への
転換の道も開いており、今後も脱系列を余儀なくされる非優良店等の転廃業
を食い止めるばかりか、地域家電店からの撤退をさらに進めるメーカーに泥
縄式とはいえ好都合な面もある。BFC方式二帳合型は、大きな勢力が交錯し
て2重システムとなり垂直的協働と水平的協働を現実化させた新たなチャネ
ル・システムであり、家電流通進化の長期過程における画期的な事象である。

　つぎに、ブランド（ネーム、ロゴ、キャラクター、スローガン、ジングル、パッ
ケージの全体）は、**図2-21**のように区分できる。一例に過ぎないが、『フレッ
シュライフ』を『通勤快足』に改名し途端に売れ始めた抗菌消臭ソックスが
ある。この当初ネームは、ブランディングの失敗作だが同図のⅠに同定され
る。価値あるブランド（**図2-8**にもあった事業／ブランド譲渡）は、Ⅱに同定
される。また、野球場名や銚子電鉄各駅名などでネーミング・ライツ（命名
権）の売買がある。このときのブランドは、Ⅲに同定される。後述するが、
ⅡとⅢの先にあるコミュニケーションや関係／行為過程の名だというブラン
ド論はⅣに同定できる。

　交換上でよりニュートラルな世界においてさえ、「1回起性の匿名取引−継
続性志向の指名取引」／「2者間経時性志向の隔地取引−多数同時の交渉を基
本とする現地取引」における水平方向（地域別、国別など）での自然な可動性
を資本が過剰にもつと、それを制御しようとする諸力（覇権的企業や、外部の

図 2-21 ブランド

手渡しできる手交性 ＼ 財の本体価値との遊離	あり	なし
あり	I	II
なし	III	IV

上位機関など)の介入ないし相互介入の限界／失敗が必ず現れるといわれた。そしてバッシングなどの事態につながり、内外が急変容することはあった。上記から生じている矛盾が、**図 2-16** などの情報流通市場でも皆無ではない。

　ともかくは、パートナーシップの内実や不確実性についてすらが、販売可能性（salability）を追求するマーケティングとしても追究される。そうでないと、お先棒を担がないはずのマーケティングが、みずからの褌で相撲を取らせる社会的損失を、繰り返えさせることになるからである。

2.6　価格と垂直的関係

　貨幣の価値については金融論に譲るが、価格は、商品（有体／無体／情報）の価値の貨幣的表現である。価値は、「資源上の効率（産出数量／投入数量）と効果（投入の質と変換の質による産出の質）」についての主観評価／客観評価として算出できるとされてきた。資源（資本）とは、「未保有-保有」／「未利用-利用」に区分できる、人（労働力）、モノ、金、情報、時間、空間である。

　2.3.1 でいった「仕様に反映される要求」は、ウエート問題（顧客適応／創造型、マーケティング［非］主導型）を伴いつつも、さまざまな要求が可能な限り重合する方が望ましかったわけだ。この要求は、つぎのように区分されてきた。①資源についてのニーズ。②ニーズ充足を可能にする具体的対象の名指し——企業（顧客）が予め名指せないと適応（創造）型になる——であるウォンツ。③所得、予算など経済的制約とコスト意識下でウォンツを、つくる／売る力であるサプライ（供給）と買う力であるディマンド（需要）。

　そして、上記③では、価値について、主観説（単品比較購買上の順位、関連

品組み合わせ購買上の順位）と客観説（管理力しかり生産力と販売力を支える労働力の順位）——経済学入門に譲る——の 2 分法とは別に、水平（好嫌等感情の主観）品質と垂直（いいものはいい悪いものは悪いを明証する仕様上等の客観）品質の接合上にある「デコヒーレンス（非相即、手前性）–コヒーレンス（相即、手許性）」から生じているとしても、要求（欲求と満足）を考える。東南アジアでの日系百貨店の撤退は、客観品質偏重の失敗であった。

2.6.1　納得する価格

　製造業、卸売商、小売商、サービス業、消費者のそれぞれが、売っていい（willing to sell：WTS）価格と買っていい（willing to buy：WTB）価格を、認知不協和を招かぬよう不完全ながら合理的に考えている。個人が所有する物であるほど主観価値が前面化すので、客観価値評価が混入する後々に評価はより定まる。賃貸借したり共有したりする商品ほど、その逆になる面もある。

　組織と個人には較差があるといわれてきたが、制限合理性にいかんせん由来し排除できない別合理的賢知（⊃暗黙知）を納得するということが、納得である。したがって、計画制御だけでなく自然な創発制御に服す面もあると思える限りでなのだが、この納得は、つぎの諸要因の関数だといえる。

　①GDP に反映される付加価値（⊃**図 2-22** における流通費用の総計）——たとえばメルカリでの中古品売買の諸個人の儲けは付加価値とは見做されない——は、流通費用が減ると減り GDP が減るという事実認識が全人口において及ぶ範囲。②価格は財を「人間の生」に奉仕できる状態に置くことの証だといえる見える手・仕組みが、製造業 WTB／WTS、卸売商 WTB／WTS、小売商 WTB／WTS、消費者 WTB／WTS という諸要求の強弱を反映した同図における当事者ないしメンバー間の相互牽制的管理（チャネル内競働／協働）によって決まること。③革新的商品でもない限り、流通の後段階 WTBは前段階 WTS と同等以下へシュリンクするので、消費者購買価格から遡り世界空間に向かう最適調達上でチャネル内競働／協働が問題視されれば、流通費用や製造原価のかかり過ぎが咎められもすること。④流通費用というパイ減少の食い止めに少なくとも向かうとして、**図 2-23** にある Ⅰ →「Ⅱ／Ⅲ」→Ⅳという流動性（「競商」に対する「協商」の前面化）がいかに実現するかと

図 2-22　垂直的価格体系

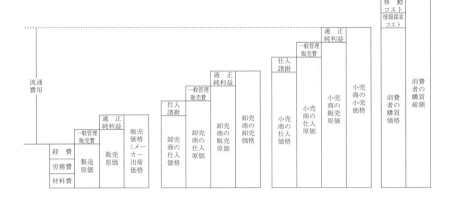

図 2-23　勢力（パワー）と拮抗勢力の相克

関係性＼流通段階	垂直	水平
リーダーシップ–フォロワーシップ	Ⅰ	Ⅲ
パートナーシップ	Ⅱ	Ⅳ

いうこと。BFC 方式二帳合型（**2.5.2**）の加盟店増大も、これで説明できる。ただし、この説明が最後まで妥当する専門品産業についてさえ、インターネット販売のシェア拡大により、変異した I（I´）が固定化しつつある。

　コミュニケーションの作法は、ソシュールよりはチョムスキーの方がミクロとマクロのリンク等の意味で包括論的だったので現象論と接合しやすいが、コード一貫性を言語論的に追究してきた構造主義の鵜呑みだけでいいのか。仕様書や契約書ならば、それでいいとしようか。しかし、そもそも西洋はあったのかといわれもするので、科学主義以前からある科学の資源である東洋思考を背景としたコミュニケーション論に立ち戻る必要も大いにある。広告や製品コンセプトや B to B のチャネル・プロモーションとなれば、益してそうなる。価格の納得についても、意図せざる犠牲を拭い切れないことがあり、そうした犠牲を無駄にせず次回の納得を創造できなければ、顧客を失

うのみだ。

2.6.2 場で決まる納得

一物一価の均衡価格に対して、当事者が納得する価格の多くは、**図 2-22** における特定の垂直的な場（つ4Pのうちの place）で、マーケティング・コンセプトを尊重しつつ決まっている。同一商品の価格が、小売店ごとに異なるのはそのためだ。［逆］流通系列化などフランチャイズ契約等による中間組織——市場という制度の一種であるが、第1章**図 1-7** もみよ——がそうだが、その場では、価格面だけでなくチャネル・サービス等の非価格面の取引条件の調整がおこなわれ、間接流通かつ需給斉合（財への変換である形態形成、消費者への個別的な適合調整、1.1.2 でいった商品分類取揃え、**図 2-6** もみよ）面で、取引の不確実性を減らしている。

そして、ここでの外部の内部化という動態が、場の境界（区分）を形成している。プラス面とマイナス面があるが、対価を伴わない意図せざる相互依存にはつぎがある。①あるメンバーが他のメンバーへのマイナス影響を考慮せず価格を決定したり、プラスの影響を考慮せずチャネル・サービス水準を決定すると、メンバー間の利潤の合計を最大化する水準より、価格は高くなり、チャネル・サービス水準は低くなる、という垂直的外部性。②家電等の系列店と量販店にあったカニバリゼーションをいうブランド内競争や、ブランド間競争で競争効果が専有できる場合とライバルに溢れ出る場合をいう水平的外部性。

そこで、当事者解決として、デジタル技術の高度化を取り込む必要があるが、需給調整／斉合における垂直的関係管理がある。これは、チャネル・サービス力の［ダブル］モラルハザードないし［ダブル］コンティンジェンシー（偶有性）／コミットメントにおける契約の最適化に向かってきたが、つぎの諸要因に関する諸理論の影響の蓄積によるところが大きい。＜選択／逆選択→交換／変換における分業／兼業＞→＜マーケティング・チャネル管理＞←＜流通費用（価格／非価格）←取引費用／所有権＞。

ただし、世界を動かしている「利己-他己」「組織-システム」／「戦略-政策」において、［競争］行為への有用な関門——競争制限と競争促進性に対す

る外部介入側の判断については第4章に譲る——はあるが、無用な関門の影響に無頓着ならば、ビジネス・ネットワークの海を漂うばかりである。

[引用参考文献]

Drucker, P.F., 1973, *Management*, Harper Business. 2008, Revised Edition, *Management*, Collins Business.

A. スミス／杉山忠平（訳）（2000、2001）『国富論』岩波書店

A.K. ディキシ・B.J. ネールバフ／菅野隆・嶋津祐一（訳）（1991）『戦略的思考とは何か』CCC メディアハウス

A.M. ブランダーバーガー・B.J. ネールバフ／嶋津祐一・東田啓作（訳）（1997）『コーペティション経営』日本経済新聞社

D. ベサンコほか／奥村昭博・大林厚臣（監訳）（2002）『戦略の経済学』ダイヤモンド社

D.C. ノース／竹下公視（訳）（1994）『制度・制度変化・経済成果』晃洋書房

F. ソシュール／小林英夫（訳）（1972）『一般言語学講義』岩波書店

G. ベイトソン／佐藤良明（訳）（2000）『精神の生態学』新思索社

G.J. スティグラー／神谷伝造・余語将尊（訳）（1975）『産業組織論』東洋経済新報社

G.G. パーカーほか／渡部典子（訳）（2018）『プラットファーム・レボリューション』、ダイヤモンド社

H. ミンツバーグ／池村千秋（訳）（2015）『私たちはどこまで資本主義に従うのか』ダイヤモンド社

J.A. シュンペーター／東畑精一・福岡正夫（訳）（2005、2006）『経済分析の歴史』岩波書店

J.S. ベイン／宮澤健一（監訳）（1970）『産業組織論』丸善

L.W. スターンほか／光澤滋朗（監訳）（1995）『チャネル管理の基本原理』晃洋書房

N. チョムスキー／福井直樹・辻子美保子（訳）（2011）『生文法の企て』岩波書店

O.E. ウィリアムソン／浅沼萬里・岩崎晃（訳）（1980）『市場と組織』日本評論社

R.H. コース／宮澤健一ほか（訳）（1992）『企業・市場・法』東洋経済新報社

T. シェリング／村井章子（訳）（2016）『ミクロ動機とマクロ行動』勁草書房

T.C. シェリング／河野勝監（訳）（2008）『紛争の戦略』勁草書房

W. オルダーソン／石原武政ほか（訳）（1984）『マーケティング行動と経営者行為』千倉書房

W. オルダーソン／田村正紀（訳）（1981）『動態的マーケティング行動』千倉書房

M. Aoki／滝沢弘和・谷口和弘（訳）（2003）『比較制度分析に向けて』NTT 出版

荒川祐吉（1960）『現代配給理論』千倉書房

石井淳蔵（1999）『ブランド』岩波書店

今井賢一ほか（1971、1972）『価格理論Ⅰ、Ⅱ、Ⅲ』岩波書店

環境主義マーケティング研究会編（1992）『環境主義マーケティング』日本能率協会マネ
　ジメントセンター

小林秀雄・岡潔（2010）『人間の建設』新潮社

猿渡敏公（1989）「マーケティング発達史」『新現代マーケティング入門』実教出版

時枝誠記（2007）『国語学原論（上)』岩波書店

野口悠紀雄（1974）『情報の経済理論』東洋経済新報社

長谷川博（2001）『マーケティングの世界』東京教学社（図 2-1、2-17 の初出）

長谷川博（2007）「製品政策」中央職業能力開発協会編『マーケティング 3 級』社会保険
　研究所（図 2-12、2-14 の初出）

長谷川博（2009）「家電流通の進化」『千葉商大論叢』47 (1)（図 2-20 の初出）

長谷川博（2021）「螺旋の開荒と全包括的ひらけの希望」『千葉商大論叢』58 (3)

原田俊夫（1987）『マーケティング計画』前野書店

三上富三郎（1982）『ソーシャル・マーケティング』同文舘

■ 第3章　インダストリアル・マーケティング ■

3.1　インダストリアル・マーケティングとは

インダストリアル・マーケティング（Industrial Marketing）は、"生産財マーケティング"あるいは"産業財マーケティング"と呼ばれることもある。また、インダストリアル・マーケティングは、近年、ビジネス・マーケティング、B toB マーケティングと呼ばれることもあるが、本章では、インダストリアル・マーケティングという用語を用いることとする。

インダストリアル・マーケティングとは、一般消費者向けのマーケティングではなく、企業などの組織に向けて行われるマーケティングである。ここで気を付けなくては、いけないことは、取引される製品が業務用製品とか工業用品などの生産財（Industrial goods）であるということではなく、企業などの組織に向けて行われるマーケティングであり、取引する相手が企業などの組織になるということである。そして一般的に最終消費者が利用する製品の総称である消費財（Consumer goods）と考えられるような製品であっても、それが企業向けに販売されるときにはインダストリアル・マーケティングの論理が適用される。

本章では、インダストリアル・マーケティングは、企業などの組織に向けて行うマーケティングであるということを基本的な認識として論を進めていくこととし、主に、①部品、原材料、機械・設備のメーカーが、完成品組立メーカーに向けて行うマーケティング、②コンピュータ企業が、業務を遂行するためにパソコンを購買する企業に向けて行うマーケティングを想定して論を進めることとする。

また、これまでのインダストリアル・マーケティングの研究の進展を見たときに、売り手と買い手の関係にインダストリアル・マーケティングの本質

があると考える。そこで、本章においても、その考え方に基づいて、以下、
議論を展開していくこととする。

3.2 インダストリアル・マーケティングの売り手―買い手関係について

3.2.1 インダストリアル・マーケティングの売り手―買い手関係の構造

　まず、インダストリアル・マーケティングにおける売り手―買い手関係について明らかにすることにする。インダストリアル・マーケティングにおける売り手―買い手関係の構造は、**図3-1**のように描かれると考える。なお構造という用語は、ここでは"相互作用のパターン化された姿"という意味で使用する。この**図3-1**はホーキャンソン（Hakansson）に代表されるIMPグ

図3-1　インダストリアル・マーケティングにおける売り手―買い手の構造

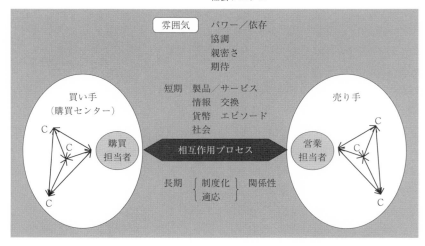

図 3-2 購買センターの役割分担

1. 発案者（initiators）	購買の状況と課業を明確にする人
2. 使用者（users）	購入された財・サービスを使用する人
3. 購買担当者（buyers）	供給業者との契約締結の責任者
4. 影響力行使者（influencers）	代替的購買行動を含め、情報提供により直接・間接的に意思決定に影響力を発揮できる人
5. 意思決定者（deciders）	代替的な購買行動の中から選択、決定する権限を持っている人
6. 窓口担当者（gatekeepers）	購買センターに入ってくる情報を管理する人

［出所］矢作（1996）, p.280. より著者作成

ループ（Industrial Marketing Purchasing Group）による相互作用モデル（Interaction Model）を基本にして、組織購買行動論と境界連結機能（boundary spanning activity）としての対境担当者（boundary personnel）の考え方を統合したものである。

　買い手については、まず全体を購買センターと考え、対境担当者を購買担当者として売り手については、対境担当者を営業担当者とし、その売り手—買い手間の相互作用であるとして考えたモデルである。そして、特に、売り手の対境担当者である営業担当者も買い手の対境担当者である購買担当者も、売り手側、買い手側それぞれの構成員と相互に影響しあいながら行動していることを強調しておきたい。

　では、このモデルを詳しく見ていくこととする。まず、買い手については、全体を購買センターと考えたのであるが、購買センターとは、組織の購買意思決定において何らかの影響を及ぼす多くの部門や上位階層の人々を含む仮想的な集団である。

　購買センターの役割分担は、**図 3-2** のように、①発案者（initiators）、②使用者（users）、③購買担当者（buyers）、④影響力行使者（influencers）、⑤意思決定者（deciders）、⑥窓口担当者（gatekeepers）に分類されるが、1 人ひとりが各々の役割分担をしているというより、1 人が何役かをこなしている。このように、購買センターは、たびたび複数のメンバーから構成され、さまざまな部署や地位の人がかかわってくるため、その中で、誰が、なぜ強い影

響力を持つかを知ることは、マーケティング戦略を考える際に非常に重要である。さらに販売を行なおうとする企業において、この購買センターに誰がどのような役割で含まれるのかを識別することが、まず必要なことである。また、購買センターを具体的なレベルで考えると、それは諸部門・諸階層の人からなるために、異なる目標や価値観に基づくコンフリクトが発生しやすい。購買センターにおいて異なるニーズが存在し、そこでコンセンサスがつくられて購買が決定されることを考慮すれば、有効なマーケティング戦略を展開するために、購買センターの分析が必要になる。次に、境界担当者であるが、組織の対外、対内の境界に位置する組織の構成員が対境担当者であり、具体的に、組織の対境担当者はトップの管理者であり、購買担当者であり、マーケティング担当者であり、そして、人事部門の担当者などである。また、そのような対境担当者は他の組織との連接機能を担うとともに、他の組織の脅威から焦点組織を防御するという境界維持機能を担っている。

　対境担当者は、組織の内―外の「接点」に位置している。佐々木利廣は、1990年に中央経済社より刊行した『現代組織の構図と戦略』において、境界担当者の機能を、①資源取引機能、②情報プロセッシング機能、③象徴的機能、④バッファリング機能、⑤組織間調整機能の5つに大別し、次のように説明した。

① 資源取引機能は、いかに資源を獲得するのか、他の組織との資源依存関係をどのようにコントロールするのかという機能である。
② 情報プロセッシング機能は、他の組織やコンテクスト環境からの情報を解釈し、組織内構成員や支配的連合に伝達する機能であり、情報収集者、情報解釈者、情報フィルター、情報ゲートキーパーとして機能するものである。
③ 象徴的機能は、組織の外部に向けての顔を形成し、さまざまなインプレッション・マネジメントを行なう機能である。
④ バッファリング機能は、他の組織あるいはコンテクスト環境からの影響力を中和し、脅威やかく乱要因を部分的に吸収することにより組織を防御しようとする機能である。

⑤ 組織間調整機能は、複数の組織を連結し調整する機能である。

最後に相互作用についてであるが、**図 3-1** は、先ほども述べたようにホーキャンソン（Hakansson）らの IMP グループが、1982 年に刊行した著書において描かれた相互作用モデルを基本としている。では、**図 3-1** をベースにして、相互作用モデルについて、説明することとする。

相互作用モデルの主要な要素は、①相互作用モデル（Interaction process）、②相互作用プロセスの関係者（Participants）、③相互作用が生じる中での環境（Environment）、④相互作用に影響のある雰囲気（Atomosphere）、の４つである。そして、売り手企業と買い手企業の関係は短期的側面としてのエピソード（episodes）と長期的側面としての関係性（relationship）という２つの側面から捉えられる。エピソードとは、①製品・サービスの交換（Product or Service Exchange）、②情報交換（Information Exchange）、③貨幣交換（Financial Exchange）、④社会的交換（Social Exchange）の４つの要素からなる交換関係である。関係性はエピソードの反復によって形成され、長期的な相互作用様式であり、その性格は、関係の制度化（institutionaization）、接触様式（Contact Patterns）、適応化（adaptations）の三変数で捉えられる。４つの変換エピソードのルーティン化は売り手・買い手の双方に役割または責任に対する期待を明確にし、関係の制度化を強める（制度化）。情報交換の反復は組織間の接触様式を決定し、技術や取引などに関する情報交換を単純化し容易にし（接触様式）、この接触様式は特定の購買がなされなくとも長期安定的に維持される。製品・サービスの交換、情報交換、貨幣交換は長期的反復の過程で相互に適応化のための関係への投資を発生させる（適応化）。生産財について制度化、接触様式、適応化の３つの特徴を含みながら企業間での継続的で包括的な取引関係が交換の反復により形成される。それは交換の反復過程における費用節約や成果増大を目的として企業がそのような関係を選択するためである。このようにエピソードに含まれる４要素の交換の反復を通じて関係の性格が形成されるが、この形成過程には売り手・買い手の双方の性格や環境などの要因が影響する。企業の技術的能力・規模・組織構造・戦略・組織的経験などの組織的要因や組織構成員の個人的要因が関係の性格に影響する。関

係に影響を与える環境要因としては市場構造や社会的・文化的条件などがあり、これらはとくに相互作用の制約条件となることを通じて企業の関係に対する戦略に影響する。

　相互作用モデルではこのように生産財の取引関係において個別の製品・サービスの取引と長期的な関係を識別して、組織間関係が形成される仕組みを説明するのである。しかも単に製品・サービスの取引がルーティン化して関係が形成されるのではなく、長期的・安定的関係が戦略的に選択され形成されるという局面を強調する。

　以上が、インダストリアル・マーケティングの売り手―買い手関係の構造であると同時に売り手―買い手関係についての基本的な考え方である。

3.2.2　インダストリアル・マーケティングの売り手―買い手関係のプロセス

　次に、売り手と買い手関係の発展プロセスについて述べることとする。そこで、本章においては、次のように売り手―買い手関係のプロセスについて考える。プロセスを(1)関係性の形成、(2)関係性の維持・強化、(3)関係性の解消とし、それぞれの段階について述べることとする。

　(1)　**関係性の形成段階**

　顧客との関係性を構築する局面であり、特に、関係性の形成段階においては顧客との関係性構築の場の形成が重要である。場を形成するためには、対話などが欠かせないものとなる。

　(2)　**関係性の維持・強化**

　顧客との関係性を維持・強化する局面である。いわば、関係性管理の局面である。この局面では、一回だけの交換でなく、長期的・継続的関係を目的としている。このため関係性管理のポイントも、形成された関係を継続的に維持・発展させることにある。この局面でとくに重要な活動の一つとして、交換が終わった後でも継続的に行われるマーケティング活動である。また、場を共有することによりお互いを知ることが重要となる。

　(3)　**関係性の解消**

　関係性管理の隠れた局面が解消局面であり、関係性管理の重要なポイント

が関係の解消局面にもある。関係性の解消には、企業側が意図的に解消する場合もあるが、自己責任による解消もある。自己責任による解消とは、顧客の不満によって関係が解消されるなどの場合であり、この他に競争という観点からの解消というものが考えられる。つまり、競争という観点からの解消とは、顧客に対する自社の関係より他社の関係のほうがより強いために解消された場合である。逆説的に言えば、関係性というものは、他社との差別的優位性を確保するための手段の一つとして考えられるものではないだろうか。

　このように関係性の解消には自己責任としての解消と競争という観点からの解消という二つが考えられる。

　以上、インダストリアル・マーケティングにおける売り手—買い手関係のプロセスについて論じてきたが、これらを図示すると**図 3-3** のようになる。

　つまり、関係性が形成され、次に維持の段階にいくが、また関係性の形成段階に戻り、それが繰り返されることにより関係性が強化されると考える。このような循環プロセスを強調するのも関係性を維持するということは、絶えず新たな気持ちで関係性の形成を考えなければ、維持が困難なためである。関係性を維持するということは、非常に難しいことなのである。その関係性がどのように、形成され、維持され、強化されるかは関係性の構成概念に依存すると考える。ここでいう関係性の構成概念とは、関係性の形成、維持強化という関係性の発展プロセスの変数として考えることとする。

　構成概念には、信頼とかコミットメントなどがあるが、状況に応じて、さまざまな構成概念があると考える。関係性の構成概念はさまざまであるが、

図 3-3　売り手—買い手関係のプロセス

売り手—買い手関係は、短期的側面である交換を行なった後に長期の関係性を形成維持強化するために、このような関係性の構成概念が作用する。最初に関係性の構成概念について、関係性の形成・維持強化という関係性の発展プロセスの変数として考えることとすると述べたが、これを数式に直すと次のようになる。

　　　関係性＝f（信頼、コミットメント、……）

　構成概念の中でも信頼は継続的取引の背景にある概念であり、関係性マーケティングをはじめとした売り手—買い手の長期的関係とその戦略上の活用を主張する議論において、中心的な役割を演じている。そのようなことからも特に信頼が重要な構成概念であると思われる。

　関係性マーケティングにおいて重要なことは、関係性の各発展プロセスにおいて、関係性の構成概念がどのように影響するのかを明らかにすることである。また、**図 3-1** からもわかるように、境界担当者である営業と企業内部の組織との円滑な連繋を図る意味で、特にビジネスマーケットにおける関係性マーケティングにおいては、企業内部の仕組みづくりが重要となるのである。

3.3　インダストリアル・マーケティングの売り手—買い手関係と信頼

　先述したように、信頼は、関係性マーケティングの議論において、中心的な役割を演じている。コンシュマー・マーケットにおいても重要であるが、特に、インダストリアル・マーケティングにおいて、境界に位置している営業担当者にとって信頼というものは重要なものである。

　かつて、石井淳蔵は、1995 年に有斐閣より刊行された『営業の本質』の中で、営業は数字・信頼・戦争の三つの軸で構成されているとし、「営業の誇りの第二は、顧客からの信頼あるいは好意だ。顧客とのなんらかの取引を行うに先だって、『まず、顧客の好意を獲得する』ことが営業の極意だという人も少なくない。部下に対する具体的な指針として、『製品よりも自分を売り込め』というベテラン営業人は多い。『お客さんと長い付き合いができる営業が

よい営業だ』ともいわれる。顧客からの信頼なくして新規開拓はできないともいわれるし、決まった相手に決まったように商品を販売する営業にこそ顧客からの信頼が重要だともいう。予期しなかった商売のネタが飛び込んできたり、取引が支障もなく進んだりするのは、顧客からの信頼があるからこそなのだという。つまり素材型営業においてもパッケージ商品型営業においても、顧客からの信頼こそが営業の核心だというのだ」と述べていた（p.15）が、営業の本質という意味では現在でも変わらないように思われる。

　和田充夫は、1996 年に有斐閣から刊行された『マーケティング戦略』の中で、「『信頼』とは、自らが相手になんらかの報酬（たとえば商品の発注）を期待し、相手がその期待通りに行動すると認識すること」と定義し（pp.322-323）、「期待―実行」の図式によって形成される信頼である認知的信頼と、必ずしもパフォーマンスの認知が必要ではなく「あいつは信頼できそうだ」といった感情的な側面が強調され、パートナー双方のパーソナリティとか所属する企業の社風といったようなものが影響する感情的信頼との二つに分け、認知的信頼と感情的信頼との関係は双方向であり、「認知的信頼が『期待―実行』という、図式の繰り返しによって醸成されると、『あいつは信頼に値するよい奴だ』といった感情的信頼が生まれ、一方、『あいつは信頼できそうだ』といったムード的感情的信頼関係から出発しても、『期待―実行』図式が繰り返されると、そこには認知的信頼が付加される。つまり、信頼という関係性は最終的には認知という次元と感情という次元が混在しなければ成り立たないということである」と指摘している（p.323）。そして、さらに和田は、1998年に有斐閣より刊行された『関係性マーケティングの構図』において、信頼概念を「二者間のダイアディック（dyadic）な状況にあって、双方が期待やパフォーマンスに対する裏切りのリスクを認識しつつも交換行為継続の意志を持ち続ける、あるいは期待やパフォーマンスに対する裏切りという現実にあってもそれを容認する心を双方がもっている状況」と定義している（pp.94-95）。また、認知的信頼と感情的信頼は相互作用的であり、「認知的信頼の形成がやがては感情的信頼を生み出し、感情的信頼が認知的信頼の形成によって強化されるメカニズムが生まれてくる。」と述べている（p.94）。

　関係性マーケティングにおいては、信頼は重要な役割を果たし、特にイン

ダストリアル・マーケティングは関係性マーケティングの中心的な位置にあることからインダストリアル・マーケティングにおける売り手—買い手関係において信頼がどのように作用するかを考えることが重要である。

では、インダストリアル・マーケティングにおける売り手—買い手関係において信頼がどのように作用するのであろうか。

その点については、買い手企業の対境担当者である購買担当者と売り手企業の対境担当者たる営業担当者との信頼である個人間信頼と買い手企業と売り手企業の信頼である組織間信頼に分けて考察する必要があると考える。境界担当者が主導していくことで個人間信頼が進化し、組織間信頼になると考える。

最後に、売り手が、買い手から信頼を得るためには、買い手に対して、いかに不満感と不平感と不信感と不安感などを与えないかが大切であると考える。

3.4 インダストリアル・マーケティングにおける売り手—買い手関係戦略

現在、経営戦略論の中に、資源ベース・アプローチがある。インダストリアル・マーケティングにおける売り手—買い手関係戦略を考える上で、資源ベース・アプローチが重要な貢献をなすと考える。インダストリアル・マーケティングの中心に位置する関係性概念は、自社にとっての競争上の強みとなるからである。

企業が優れた業績をあげるのは、優れた資源や能力を持っているからであるというのが資源ベース・アプローチの基本的主張である。

資源ベース・アプローチの代表的論者であるバーニー（Barney）が1991年に発表した論文によれば、企業資源とは、企業の効率性と有効性を改善する戦略を考え、実行することを企業に可能にしてくれる、企業によってコントロールされたあらゆる資産、ケイパビリティ、組織プロセス、企業属性、情報、知識などを含むと定義している（p.101）。

バーニーは、2001年に刊行した著書によると、企業内部の強み・弱みを資源に基づいて分析する際に発すべき4つの問いを次のように提示している

（訳書、pp.230-298）。

① 経済価値（Value）に関する問い

　　その企業の保有する経営資源やケイパビリティは、その企業が外部環境における脅威や機会に適応することを可能にするか。

② 稀少性（Rareness）に関する問い

　　その経営資源を現在コントロールしているのは、ごく少数の競合企業だろうか。

③ 模倣困難性（Imitability）に関する問い

　　その経営資源を保有していない企業は、その経営資源を獲得あるいは開発する際にコスト上の不利益に直面するだろうか。

④ 組織（Organization）に関する問い

　　企業が保有する、価値があり稀少で模倣コストの大きい経営資源を活用するために、組織的な方針や手続きが整っているだろうか。

　このように企業の内部の強みと弱みに関しての資源ベースの分析を行うのに必要な基準として、バーニーは(1)価値（Value）(2)稀少性（Rareness）(3)模倣困難性（Imitability）(4)組織（Organization）の４つを指摘し、この４つが揃って初めて持続的競争優位の源泉となるとした。そして、バーニーの戦略分析は４つの頭文字をとり VRIO 分析と呼ばれる。

　既に述べたように、インダストリアル・マーケティングの中心的役割を演じるのが関係性マーケティングである。いかに売り手と買い手において価値があり、稀少で、模倣困難な関係性を構築できるかであり、そして支える組織が整っているかである。その戦略を考える上で重要な点は、目に見えないものをいかに見えるものにするかという可視化の課題である。このような課題に対しては、従来の測定手法ではなく、新たな測定手法が必要となる。この点から今後、インダストリアルマーケティングにおける売り手–買い手関係戦略において考えることが重要であると考える。

3.5 おわりに

　近年、インダストリアル・マーケティングに対する関心が、高まっている。本章では、インダストリアル・マーケティングは、企業などの組織に向けて行うマーケティングであるということを基本的な認識として、売り手と買い手の関係にインダストリアル・マーケティングの本質があると考え、議論を展開していった。具体的には、インダストリアル・マーケティングの売り手—買い手関係の構造とプロセス、信頼、インダストリアル・マーケティングにおける売り手—買い手戦略について論じた。

　インダストリアル・マーケティングにおいて、いかに売り手と買い手が共に相互作用しながら価値を創造していくかが重要であると考える。つまり、見えないものをいかに見えるものにするかがインダストリアル・マーケティングの課題であると考える。

[引用参考文献]

青島矢一・加藤俊彦（2000）「競争戦略論(2)」『一橋ビジネスレビュー』第48巻3号、東洋経済新報社、pp.108-121

浅羽茂（2004）『経営戦略の経済学』日本評論社

荒川祐吉「産業財マーケティング（indusrial marketing）」久保村隆祐、荒川祐吉（監修）鈴木安昭、白石善章（編）（1995）『最新　商業辞典』同文館

池尾恭一、青木幸弘、南知惠子、井上哲浩（2010）『マーケティング』有斐閣

石井淳蔵・嶋口充輝（編）（1995）『営業の本質』有斐閣

石井淳蔵「営業のジレンマ」石井淳蔵・嶋口充輝（編）（1995）『営業の本質』有斐閣

小野譲司（1997）「マーケティングにおける信頼」『マーケティング・ジャーナル』第63巻、pp.93-100

金顕哲（1998）『日本型マーケティングの再構築』大学出版社

金顕哲（1995）「営業の関係理論」石井淳蔵、嶋口充輝（編）『営業の本質』有斐閣

金顕哲「関係性の実践メカニズム　●株式会社ハウス・オブ・ローゼ」嶋口充輝、竹内弘高、石井淳蔵（編）（1998）『マーケティング革新の時代1　顧客創造』有斐閣

小林一（2002）「戦略的マーケティングの理論的基礎」『明大商学論叢』第84巻第1号、pp.93-110

斉藤保昭（1999）「インダストリアル・マーケティングにおける売り手-買い手関係に関す

る基礎的考察」『商学研究論集（明治大学大学院）』第 10 号、pp.351-362

斉藤保昭（2001）「関係性マーケティング論の研究の方向性」『企業診断』VOL. 48.、pp.54-59

斉藤保昭、夷石多賀子（2001）『最新　現代マーケティング全集―新しい潮流／諸問題と関連法規 6』

斉藤保昭（2001）「インダストリアル・マーケティングにおける関係性診断に関する基礎的研究」『日本経営診断学会研究論集①』、pp.213-222

佐々木利廣（1985）「組織間関係の安定と変動（Ⅲ・完）―境界連結単位を中心として」『経済経営論集』第 19 巻第 4 号、pp.192-214

佐々木利廣（1990）『現代組織の構図と戦略』中央経済社

猿渡敏公（1999）『マーケティング論の基礎』中央経済社

嶋口充輝、石井淳蔵（1995）『現代マーケティング（新版）』有斐閣

嶋口充輝（1997）『柔らかいマーケティングの論理』ダイヤモンド社

嶋口充輝・竹内弘高・片平秀貴・石井淳蔵（編）（1998）『マーケティング革新の時代 1 顧客創造』有斐閣

高嶋克義（1988）「産業財マーケティング論の現状と課題」『経済論叢』第 142 巻第 1 号、pp.133-154

高嶋克義（1992）「産業財マーケティング論」『マーケティング・ジャーナル』45 号、pp.55-56

高嶋克義（1998）『生産財の取引戦略―顧客適応と標準化―』千倉書房

高嶋克義・南智恵子（2006）『生産財マーケティング』有斐閣

刀根武晴「インダストリアル・マーケティングの性格と特質」久保村隆祐責任編集（1982）『総合マーケティング・ハンドブック』ビジネス社

中橋国蔵・柴田伍一責任編集（2001）『経営戦略・組織辞典』東京経済情報出版

西村務（1992）『新しい生産財マーケティング』プレジデント社

南知恵子（2005）『リレーションシップ・マーケティング』千倉書房

南知恵子「関係性マーケティング」池尾恭一・青木幸弘・南知恵子・井上哲浩（2010）『マーケティング』有斐閣、pp.529-548

矢作敏行（1996）『現代流通』有斐閣

山倉健嗣（1977）「組織間関係の分析枠組―組織セット・モデルの展開―」『組織科学』第 11 巻第 3 号、pp.62-73

余田拓郎（2000）『カスタマー・リレーションの戦略論理』白桃書房

余田拓郎（2011）『B to B マーケティング』東洋経済新報社

若林直樹（2006）『日本企業のネットワークと信頼』有斐閣

和田充夫「リレーション・マーケティング」和田充夫・恩蔵直人・三浦俊彦（1996）『マーケティング戦略』有斐閣、pp.318-336

和田充夫（1998）『関係性マーケティングの構図』有斐閣

Barney. J.B.,"Firm and Sustained Competitive advantage", *Journal of Management*, Vol. 17, No. 1, pp.99-120.

Barney, J.B. *Gaining and Sustaining Competitive Advantage*, Second Edition, 2001. prentice Hall.（岡田正大（訳）『企業戦略論上』、ダイヤモンド社、2002 年）

Copeland, M.T., *Principles of Merchandising*, Chicago, A.W. Shaw Company, 1924.

Dwyer, F.R., P.H. Schurr, and Sejo Oh,"Developing Buyer-Seller Relationships," *Journal of Marketing* vol. 51, No. 2, 1987, pp.11-27.

Fontenot, R.J. and E.J. Wilson,"Relational exchange：A Review of Selected Modelsfor a PredictionMatrix of Relationship Activities" *Journal of Business Research*, Vol. 39, 1997, pp.5-12.

HaKansson, H, ed, International Marketing and Purchasing of Industrial Goods, John Wiley & Sons, 1982.

Levitt, T.,"After the Sales is Over" *Harvard Business Review*, Sept-Oct, 1983, pp.87-93.（「売り手にとって欠かせぬ買い手との関係強化」、『ダイヤモンド・ハーバード・ビジネス』、1984 年 1 月号、pp.4-12。）

Morgan, Robert M. and S.D. Hunt,"The Commitment-Trust Theory of Relationship Marketing," *Journal of Marketing*, Vol. 58, No. 3, 1994, pp.20-38.

Sheth, J.N. and A. Parvatiyar（eds）*Handbook of Relationship Marketing*, Sage publication, 2000.

Webster, F.E. Jr., *Industrial Marketing Srategy Third Edition*, John Wiley & Sons, 1991.

■ 第4章　流通政策 ■

4.1　流通政策の概観

　流通は、生産と消費を繋ぐ経済活動である。この流通という経済活動において、企業間（製造業者間、流通業者間、製造業者—流通業者間）の競争が展開されている。しかし、この企業間の競争が正常に機能せず、多くの弊害を生み出す場面が生じることがある。この流通市場において生じた弊害を解消する手段が流通政策である。言い換えれば、流通政策とは、流通を正常に機能させるのに必要な装置だといえる。

　流通政策の必要性は、競争に基盤を置いた市場メカニズムの有効性を脅かす巨大企業の出現とそれに伴う市場の影響によって確認された。19世紀末の米国では、スタンダート・オイル社は、圧倒的な市場支配力を背景に積極的に同業他社の買収を進め石油市場における独占を確立した。このような独占企業の出現は石油市場だけでなく、砂糖や製鉄市場においても起こった。独占企業の出現によって競争が展開されない市場では、価格のつり上げが見られ、消費者利益が大きく損なわれることとなった。そのため、米国は競争の維持・確保を目的とする反トラスト法を基盤とする競争政策を設け、市場に介入したのである。

　しかし、流通を正常に機能させるには、競争の導入だけでは不十分であり、競争によって生じる付随的な弊害も解消する必要がある。つまり、企業間における競争が進む中で、流通市場において立場の弱い中小の企業（特に中小小売業）や消費者が競争による付随的な弊害を被る可能性があり、これを保護・支援する必要があるのである。そのことから、流通市場における競争を維持させると共に、競争によって生じる付随的な弊害から流通市場の有効性を確保することを目的に、流通政策は競争政策、流通振興政策、流通調整政

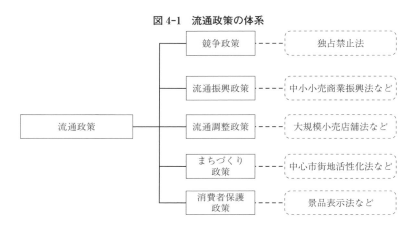

図4-1 流通政策の体系

策、まちづくり政策、消費者保護政策の5つから構成されている。競争政策とは、流通政策の基幹をなすものであり、流通市場における市場メカニズムの有効性を担保する競争をどのようにして維持・創出するのかを担う政策である。流通振興政策とは、大規模流通業などに比べ仕入れや設備面で弱い立場にある中小流通業に対し行政が支援を行い、大規模流通業との競争に対し自立して適応できるよう支援する政策である。流通調整政策とは、百貨店や総合スーパーマーケットといった大規模流通業者との競争条件を整備することで中小小売業に対する競争圧力を緩和し、保護を与える政策である。まちづくり政策とは、経済的に弱体化する中小小売業が集積している商店街に対し、まちづくりに必要な社会的インフラという新たな役割を与える方法で中小小売業を支援する政策である。消費者保護政策とは、企業間の競争によって生じる間接的な弊害から消費者を保護する政策である。

　次節では、流通政策の個別具体的な内容について考察していく。

4.2　競争政策

　競争政策は、流通政策において最も重要な政策といえる。競争政策は、流通市場における競争が正常に機能するように、消費者利益を損なうような事

業活動を補正することを目的としている。本節では、競争政策の基本を提供する独占禁止法の目的とその構造を考察し、特に流通市場において重要な課題となる不公正な取引方法とその類型である再販売価格維持行為と優越的地位の濫用について検討する。

4.2.1　独占禁止法

わが国の競争政策の基盤を提供するのが独占禁止法である。独占禁止法を理解するには、立法の経緯を理解する必要がある。

わが国の独占禁止法の歴史は、戦後間もない1947年に制定されたことに始まる。同法は当時日本を占領下に置くアメリカを中心とした連合国軍最高司令官総司令部（以下、GHQ）の指導によって立法されたものである。GHQ は、戦前における財閥を中心とした経済体制が軍拡を招いたという見解に基づき、日本経済の民主化を計ろうとしていた。GHQ の指導の下、日本政府は財閥解体を目的とした過度経済力排除法（1955 年廃止）を制定するとともに、経済力の再度の集中を防ぐことを目的とした独占禁止法を制定した。この1947 年制定の独占禁止法（原始独占禁止法と呼ばれる）は、GHQ 所属のニューディーラーと呼ばれる社会主義的性格を有した一部の識者を中心に同法の原案が作成されたことから、基盤を提供した米国反トラスト法よりも厳格な内容となっていた。しかし、米ソ間の深刻な対立が表面化し、日本の左傾化が危ぶまれたことから 1949 年（昭和 24 年）、1953 年（昭和 28 年）に同法の大幅な改正が行われた。同法の改正により米国の反トラスト法の基礎を継承しつつも、わが国の経済体制に合わせたオリジナルの経済法として独占禁止法が誕生した。その後、数度の改正を経て、わが国の競争政策の基盤を提供している。

独占禁止法の正式名称は「私的独占の禁止及び公正取引の確保に関する法律」であり、同法 1 条にその目的が述べられている。そこでは「私的独占、不当な取引制限及び不公正な取引方法を禁止し、事業支配力の過度の集中を防止して、結合、協定等の方法による生産、販売、価格、技術等の不当な制限のその他一切の事業活動の不当な拘束を排除することにより、公正且つ自由な競争を促進し、事業者の創意を発揮させ、事業活動を盛んにし、雇用及

び国民実所得の水準を高め、以て、一般消費者の利益を確保するとともに、国民経済の民主的で健全な発達を促進することを目的とする。」と定められている。同法１条を読み解くと、第一段「私的独占、不当な取引制限及び不公正な取引方法を禁止し、（中略）、一切の事業活動の不当な拘束を排除することにより」とあるが、当該部分により同法の競争制限行為を禁止によって競争条件を維持するということが独占禁止法の目的の達成する手段であることが明記されている。第二段「公正且つ自由な競争を促進し」において同法の目的が競争の維持・促進であることが示されている。第三段「以て、一般消費者の利益を確保するとともに、国民経済の民主的で健全な発達を促進すること」では、競争を通じて得られる最終的な目的が示されている。

　独占禁止法は、競争の維持・促進を立法の目的としている。その理由は、競争の維持・促進によって1. 資源の効率的配分、2. 私的経済力の抑止、3. 消費者利益の確保、が得られると期待しているからである。

　資源の効率的配分とは、競争を基盤とする市場において価格のシグナル機能（需要＞供給の場合は価格が上昇すると、超過利潤を求めて製造業者は新規参入が起こり、供給は増加する。この供給の増加によって価格が低下し均衡価格水準に落ち着く）が有効に作用し、資源の適正で効率的な配分を期待することを指す。また、競争が展開されることで、情報に対する処理や意思決定の問題が解消される。製造業者は合理化の必要性に迫られ他の競合他社よりも低価格で高品質な製品を提供することが期待できる。つまり、競争が展開することで、製造業者の積極的な合理化を促し、経済全体の発展を期待できるのである。

　私的経済力の抑止とは、市場支配力を有する企業が市場における競争を制限する可能性があることから、このような競争を制限行為を抑止することが必要であることを指す。競争が展開されることで、消費者は適正な価格で商品を購入することが可能となる。しかし、市場支配力を有する企業（製造業者・流通業者）が出現し競争制限的な行為を行った場合、消費者は高い価格で商品を購入せざるを得ない状況が生じる可能性がある。また、現時点では市場支配力を有する企業によって競争制限行為が行われてなくても、将来的にも行われないよう抑止するために莫大な監視コストが生じる。つまり、競争

を維持する為に市場支配力を有する企業の行動を抑止する必要がある。しかし、今日ではこの考えと対立する理論が出現している。競争政策先進国である米国では、1970年代以降シカゴ学派産業組織論（以下、シカゴ学派）の考え方が有力となっている。シカゴ学派は市場支配力を有する企業が存在する市場は競争を経由し淘汰の過程を経た市場であり、そこに至るまでに競争が展開されてきたとし、また、激しい競争の中で生存したこのような企業は当然ながら効率的であり、その企業によって提供される商品は豊富に安く提供され、消費者の利益に合致するとしている。また、市場支配力を有する企業がたとえ超過利潤を得ていたとしても、この超過利潤が存在するということで、新規参入を促し競争が展開される点（また、新規参入がない場合でも市場支配力を有する企業が超過利潤を獲得するのみ行動するではなく、競争的な行動をとっている）をシカゴ学派は指摘している。このようなシカゴ学派の理論は、今日においてわが国の競争政策の方向性に対し大きな影響を与えている。

　消費者利益の確保とは、競争を維持することによって消費者の選択を確保することを指す。競争が維持されていることで、需要に応じて製造業者が生産した商品は、価格、ブランド、店舗等を消費者は自由に選択することができる。しかし、市場支配力を有する企業によって競争が制限された場合（例えば、再販売価格維持行為など）、消費者の選択の自由が狭められる状況が出現する。市場における競争を維持することで、消費者利益を確保することが可能となるのである。

　これまで独占禁止法の性格について考察してきたが、次節では競争の維持・促進という目的を達成する為に独占禁止法はどのような構造を有しているのかを検討する。

4.2.2　独占禁止法の構造

　独占禁止法の目的である競争の維持・促進を達成するために、同法は独占及び集中（私的独占）の禁止、不当な取引制限の禁止、不公正な取引方法の禁止の3つの方法（これを独占禁止法の三本柱という）を構成している。

　独占及び集中の禁止とは、市場において独占（または高度に寡占）という市場構造の下で競争が有効に作用しない状態を排除することをいう。ここで述

べる独占とは、1社で市場シェアが50％、もしくは上位2社の合計で75％を超える状態を指す（独占禁止法2条7号1項）。このような独占的状態下では、市場支配力を有する企業が他の事業者を市場から排除するように行動する場合（排除型私的独占）や、もしくは株式の取得や役員の派遣によって他の事業者の事業活動の自由な意思決定を奪うような支配的な行動がとられる場合（支配型私的独占）がある。このような事態が生じた場合には、競争が実質的に制限されることになる。独占禁止法では、競争が排除される状態に対し予防・回復措置が設けられている。

　不当な取引制限の禁止とは、複数の有力な事業者が共謀し市場において本来的に存在する競争を阻害することを排除するものである。市場構造が独占状態でなくとも、有力な企業が価格協定（カルテル）を結び、また生産量の調整が共同で行われることで競争が実質的に制限される場合がある。そのため、独占禁止法では競争を明確に制限するおそれのある不当な取引制限に対し、これを排除する措置を設けている。

　不公正な取引不法の禁止とは、公正に競争が展開することを阻害する行為を禁止するものである。不公正な取引方法とは、市場活動を行っている企業すべてが対象となっていて、上記以外の競争を実質的に制限する行為を網羅している。つまり、不公正な取引方法の禁止は、上記の独占及び集中の禁止、不当な取引制限の禁止を補完する役割を担っているといえよう。この不公正な取引方法の禁止は、流通市場における競争の維持に大きな役割を果たしていることから、以下検討していく。

4.2.3　不公正な取引方法の禁止

　不公正な取引方法の禁止は、独占禁止法2条9項によって、共同の取引拒絶（1号）、差別対価（2号）、不当廉売（3号）、再販売価格の拘束（4号）、優越的地位の濫用（5号）、公正取引委員会の指定する公正な競争を阻害（公正競争阻害性）するおそれのある行為（6号）から構成されている。同法2条9項1号から5号は、課徴金（行政的罰金）の対象となっており法定行為類型といい、6号は公正取引委員会が定める行為であり、これを一般指定と呼ぶ。2009年の独占禁止法の改正以前は、不公正な取引法の禁止は公正取引委員会

が定める一般指定のみ存在していたが、2009年の改正により共同の取引拒絶、差別対価、不当廉売、再販売価格の拘束、優越的地位の濫用が課徴金の対象となる重大な違反行為として明文化され、それに伴って公正取引委員会が定める一般指定から分離され法定行為類型とした背景がある。この法定行為類型は、原則違法類型（外形のみで判断される）に分類される共同の取引拒絶、不当廉売、再販売価格の拘束、原則合法類型（再販売価格と連動した場合などにのみを除いて合法）とされる差別対価、規範的類型（外形的な事実だけでなくその他の判断要素を含み判断する）とされる優越的地位の濫用に分類される。

① **共同の取引拒絶**

　　共同の取引拒絶とは、同業の事業が結託し、特定の事業者（製造業者・流通業者等）と取引を行わないよう指示する行為であり、ボイコットともいう。共同の取引拒絶は、単独の取引拒絶と異なり、他の事業者から商品を購入する自由が奪われることから強い違法性がある。

② **差別対価**

　　差別対価とは、地域または相手方（事業者・消費者）に対し差別的な対価によって商品・役務（サービス）を継続して供給し、事業活動を困難にする危険性、またはその供給を受けることをいう。

③ **不当廉売**

　　不当廉売とは、他の事業者を市場から駆逐し独占を意図するような原価を大きく下回る廉売行為をいう。本来であれば、商品をどのような価格で販売するかは事業者に委ねられるが、原価を大幅に割る販売方法はシェアの低い事業者にとって事業継続を脅かす行為となるからである。

④ **再販売価格の拘束**

　　再販売価格の拘束（再販売価格維持行為）とは、商品を販売する事業者が購入した事業者に対し、その商品の販売価格を定める価格決定の自由を奪う行為をいう。再販売価格維持行為の競争阻害性についてはその是非が分かれている。

⑤ **優越的地位の濫用**

　　優越的地位の濫用とは、優越的な力を有する事業者が、相手方に不当

に利益を提供させることをいう。優越的な地位が問題となるのは「正常
な商慣習に照らして不当な」場合であり、取引上弱い立場にある相手方
に不当に不利益となる要求や干渉をする場合である。

　公正取引委員会の指定する公正な競争を阻害（公正競争阻害性）するおそれ
のある行為（6号）とは、独占禁止法を管轄し我が国の競争当局であり準立法
的権限を有する公正取引委員会が、公正な競争を阻害することを要件にして
指定する行為であり、これを一般指定という。一般指定には、共同の購入拒
絶、その他の取引拒絶、その他の差別対価、取引条件等の差別取扱い、事業
者団体における差別取扱い等、その他の不当廉売、不当高価購入、ぎまん的
顧客誘引、不当な利益による顧客誘引、抱き合わせ販売等、排他条件付き取
引、拘束条件付き取引、取引の相手方の役員への不当干渉、競争者に対する
取引妨害、競争者に対する内部干渉、の15類型から構成される。公正取引委
員会によって一般指定が設けられる理由は、①禁止行為を具体的に示すこと
で事業者の予見可能性を高めること、②指定にかかる告示の制定（独占禁止
法72条）を通じ、経済実態への変化と個別業種への特性に対し対応すること
が可能にすることにある。
　また、一般指定の他に問題が起こりやすい業界のみを対象とした特殊指定
も設けられている。特殊指定は百貨店業、新聞業、教科書行、海運業、食品
缶詰・瓶詰業、広告業におけるオープン懸賞について公正取引委員会により
告示されていたが、今日では新聞業・物流業・大規模小売業以外については
既に廃止されている。
　次節では、不公正な取引方法の法定類型の一つである再販売価格委維持行
為を中心に検討する。再販売価格維持行為をめぐる議論は、流通政策におい
て代表的な課題となっている。

4.2.4　再販売価格維持行為と流通取引・慣行ガイドライン
　わが国では、再販売価格維持行為の問題は流通系列化の議論として展開さ
れてきた。流通系列化とは、製造業者が流通業者を組織化しマーケティング
に協力させる行為である、と捉えることができる。その目的は単に流通業者

を組織化することで生じるマーケティング効率の向上といった側面だけではなく、（安定的・長期的な利益をもたらす）独占価格の維持の追求といった側面も有している。製造業者が目的とする独占価格を獲得・維持していく為には、有力なブランドを構築するだけではなく、それを維持していくために自身の商品を販売する流通業者の協力が不可欠である。その理由は、商品が一般的に製造業者のコントロールの利かない流通業者を経由して販売されることにある。つまり、流通業者の協力を得られない場合、自身のマーケティング政策は有効に作用しなかったり、流通業者によってブランド価値を下げるような低価格販売が行われる。そのため、製造業者は流通業者の協力を得るために垂直的マーケティング・システム（Vertical Marketing System）の構築をし、流通業者を組織化するように試みる。流通系列化とは、日本版垂直的マーケティング・システムといえ、1980 年代末までわが国の流通において広く展開されわが国製造業の発展の基盤となっていた。この流通系列化は、再販売価格の維持を最終的な目的とし、再販売価格維持行為とその成果を達成するために設けられる補強手段や代替手段となる非価格制限行為から構成されている。

　流通系列化の行為類型は、(1)再販売価格維持行為、(2)一店一帳合制、(3)テリトリー制限、(4)専売店制、(5)店会制、(6)委託販売制限、(7)払込制、(8)リベートから構成されている。

(1) 再販売価格維持行為

　　再販売価格維持行為は、製造業者による流通系列化の最大の目的である。再販売価格維持行為は、製造業者が流通業者（販売業者）の販売価格を拘束することで、当該製造業者の製品の価格競争を消滅させる効果を持つ。再販売価格維持行為は製造業者が流通業者に対し、川上から価格に制限を課すことから垂直的価格制限とも呼称される。製造業者は、自社の商品を取扱う流通業者間の価格競争を制限し、ブランドを確立することで当該商品の独占価格を形成・維持することが可能となる。しかし、再販売価格維持行為は製造業者単体で実行しても価格維持効果を得ることはできないことから流通業者の協力が不可欠である。また、流通業者は再販売価格維持行為に協力するメリットが販売価格の自由を放棄

する以上のメリットが享受できなければ協力を提供しない（組織化されない）。つまり、再販売価格維持行為はその行為単体で成果をあげることは難しく、他の行為類型と併用することによって実行性が担保されるのである。

(2)　一店一帳合制

　一店一帳合制とは、製造業者が小売業者に対し商品の仕入れる際の卸売店を指定し、流通過程をコントロールするもので、顧客制限ともいう。製造業者は特定の卸売業者を販売店化することで、小売業者の販売価格をコントロールすることを試みる。製造業者が一店一帳合制を卸売業者に課すことで小売業者の仕入れ・販売の自由を結果的に抑制することが可能となる。また、この一店一帳合制は価格競争を完全に抑制することになるので再販売価格維持行為と同様の効果を有している。この行為類型としては、特定の顧客に対する販売制限、製造業者が承認しない販売業者への販売制限、特定の顧客層に対する販売制限、売込み禁止期間などがある。

(3)　テリトリー制限

　テリトリー制限とは、製造業者が流通業者に対して割り当てた一定の地域内における販売の独占権を保証するものである。テリトリー制限は、製造業者が一定地域内の販売独占権を流通業者に自身のマーケティング（価格維持を含んだ）に協力することを条件に付与することで、流通業者間の再販売価格維持行為と同様の効果を有する。また、テリトリー制限のその他の効果として、製造業者の責任販売体制の確立、効率的なアフター・サービス体制の確立などを挙げることができる。つまり、価格維持以外のマーケティング効果にも貢献するといえるのである。テリトリー制限の類型として、特定の地域に販売を限定するクローズド・テリトリー制限、販売地域は限定されるが地域内には複数の流通業者が併存するオープン・テリトリー制限、営業拠点の設置を特定の地域内のみ認めるロケーション制限等がある。

(4)　専売店制

　専売店制とは、製造業者が自身の商品の流通ルートを把握し販売先の

拡充や専門的能力を有する流通業者（販売業者）の支援を目的に、他社の商品の取扱いを禁止するものである。流通業者は特定の製造業者の商品のみを取扱うことになるのでその製造業者からの再販売価格維持行為の要請を受諾することとなる。しかし、流通業者は、特定の製造業者の専売店になるメリットがなければこの制限を受け入れない。その為、テリトリー制とセットで行われる。再販売価格維持行為を目的として専売店制が採用された場合には、競争を制限する行為と判断される。

(5) **店会制**

店会制とは、流通業者間に横断的な組織（例えば、特約店会）を設けることで、自身の商品を扱う流通業者間の有益な情報交換や技術の研究等を促進させることで製造業者が自身のマーケティング効率を高めることを目的に行うものである。一方で製造業者が流通業者へのコントロールをより強固にすることを目的に、同じ商品を扱う流通業者間の協調を促進し、再販売価格維持行為の実効性を補完する役割を有する側面もある。

(6) **委託販売制**

委託販売制とは、製造業者の製品の所有権を保持したまま独立した流通業者に販売行為を代理させるものである。本来的に委託販売制は、再販売価格維持行為を目的に行われるのではなく、製造業者は商品の所有権を自身に留保することで流通業者に対し売れ残りや滅失のリスクを負担させないことで流通業者による販売機会の拡大を見込んで行われるものである。委託販売制は、製品の所有権者である製造業者が商品の価格を流通業者に指定していることは合法であるが、正当な理由がなく再販売価格の維持が目的であると判断される場合においては違法となる。

(7) **払込制**

払込制とは、製造業者が商品の販売価格の維持を目的に、商品の販売代金を流通業者から回収するに際に流通業者から売買差益の一部または全部を徴収し一定期間保管した後、払い戻す制度である。売買差益を一定期間保留することで、流通業者の再販売価格維持を遵守させようとする再販売価格維持行為を補完する行為である。

(8) **リベート**

リベートとは、製造業者が流通業者に対して、商品の販売促進を目的に一定期間もしくは一定取引量に応じて支払われる営業利益の分配である。高額であったり、過度に累進的であったりすることで再販売価格の維持が目的であることが明白な場合には、競争を制限する行為として判断される。

1970 年代から 1980 年代末まで再販売価格維持行為を中心とした流通系列化が、わが国の経済を牽引してきた家電産業や自動車産業における国内製造業の競争力の源泉であった。そのため、わが国においては、これら再販売価格維持行為を中心とした流通系列化の問題は 1980 年の独占禁止法研究会報告「流通系列化に関する独占禁止法上の取扱い」において、市場支配力を有する大規模製造業によって推し進められる流通系列化は不公正な取引方法に該当する場合があることが指摘されたが、それは問題提起に留まるものであった。しかし、1989 年から 1990 年代初頭にかけて米国との貿易摩擦が起こった際に、米国から貿易不均衡の原因の一つとして日本の市場の閉鎖性が議題にあがった。米国の主張としては、日本市場において流通系列化が強固に形成されていることから、米国企業による新規参入が困難で、本来的にそれを取り締まるべき独占禁止法が正常に機能していないことを問題視する内容であった。

このような経緯から、両政府の間で流通系列化をめぐる問題を解決する為に日米構造協議で検討されて、その協議によって、米国からの要求である独占禁止法運用強化を担保する為に流通分野における独占禁止法の運用指針となる流通・取引慣行ガイドラインを作成することが決定された。1991 年 7 月に、独占禁止法の運用機関である公正取引委員会によって流通・取引慣行ガイドラインが作成・発表された。同ガイドラインの第 2 部「流通分野における取引に関する独占禁止法上の指針」において、消費財分野の製造業者による流通業者に対する様々な取引制限、小売業者と納入業者間の取引に起こる優越的地位の濫用について、独占禁止法の取扱いについて言及している。そこでは、違反となる行為として 1. 再販売価格維持行為、2. 非価格制限（排

他条件付き取引、拘束条件付き取引）、3. リベートの供与、4. 流通業者の経営に関する関与、5. 小売業者による優越的地位の濫用行為（押しつけ販売、返品や従業員の派遣要請等）が示されている。

　同ガイドラインは 1996 年に改正されたが内容は大きく変更されていなかったが、2015 年、2016 年、2017 年と大幅な改正が行われた。この改正の背景の一つには、米国における競争政策の大きな転換に起因している。米国では、再販売価格維持行為及び垂直的非価格制限行為について、1970 年代から先述したシカゴ学派による再販売価格維持の競争促進的効果を認める理論が米国最高裁判決において採用されることになったことで徐々に再販売価格維持行為に対する規制緩和の動きが見られていた。そして、2007 年にはLeegin 事件米国最高裁判決によって、再販売価格維持行為の原則違法を決定づけていた 1911 年の Dr. Miles 事件最高裁判決が覆された。同判決によって再販売価格維持行為を原則違法とするのではなく、個別の事情を勘案する合理の原則が採用されるようになり、米国における再販売価格維持行為に対する規制は、大きく緩和されることになった（但し、現段階では州レベルではまだ法の安定には至っていない）。

　競争政策の先進国である米国の影響を受け、EU においても再販売価格維持行為を含む垂直的非価格制限について緩和の方向性へのシフトが起こっている。また、バブル経済崩壊後の製造業の回復を計画する経済産業省は、製造業の収益に貢献する再販売価格維持行為及び非価格制限の緩和の方法を模索しており、経済産業省を中心に「消費者インテリジェンスに関する懇談会（2013 年）」等の研究会が設けられ、その可能性について議論してきた。これらの研究会の報告書の中で、流通取引・慣行ガイドライン制定以後の製造業者と流通業者のパワー・バランスの変化、消費者の購買動向の変化等の市場構造の変化が起こっており、これまでの競争政策が有効に作用していないことを指摘した。これを背景に、第 2 次安倍政権（2012-2020 年）は、同ガイドラインの変更を公正取引委員会に提言した。この提言を受けた公正取引委員会は、2015 年には①垂直的制限（再販売価格維持行為及び垂直的非価格制限）に関する違法・適法性判断基準、②再販売価格維持行為の「正当な理由」、③流通調査、④選択的流通について、新たな考え方を示した。2015 年の同ガイド

ラインでは、①垂直的制限（再販売価格維持行為及び垂直的非価格制限）に関する違法・適法性判断基準について、再販売価格維持行為については競争阻害効果が未だに大きいと判断し、その評価を据え置くものの垂直的非価格制限にはその目的が"排他的な流通経路"や"価格の維持ではない"場合においては通常問題にならず、競争促進効果を考慮してその違法性を判断するとしている。②再販売価格維持行為の「正当な理由」について、それは再販売価格維持行為によってブランド間競争が促進し、その他の方法では得られない競争促進効果がある場合という非常に限定的な範囲に絞っている。③流通調査について、製造業者の商品を扱う流通業が実際にどのような販売価格又は販売先で売られているかを調べるものであるが、その行為が流通業者の販売価格を制限するものではないというこれまでと異なり柔軟な姿勢を採っている。④選択的流通について、選択的流通は製造業者が一定の基準を設けて流通業者を選定し、認めた流通業者以外への販売を禁止する行為である。同行為が品質の保持等の消費者利益に貢献するという合理的な理由に基づき、且つ安売り業者を含んだ流通業者に対し同じ基準を設けた上で、基準を満たさない流通業者に販売しない場合には問題とならない、としている。また、2016年の改正では、垂直的非価格制限に対し独占禁止法が適用されるか、否かの基準であるセーフ・ハーバーについて、当該制限行為をする企業が市場シェア10％且つ上位4位以下（但し市場シェア10％であっても上位3位にある場合適用される）では規制の適用対象外になっていたが、改正によって市場順位に囚われず市場シェア20％以下の場合には適用対象外になることが示され、緩和された。2017年のガイドラインでは2015年・2016年の内容を継承し、更に分析プロセスの明確化、オンライン取引に関する垂直的制限行為等の内容を加えている。

　同ガイドラインは、改正によってその構成を大きく変更した。2016年の改正では、これまで弁護士等の専門家のみにしかガイドラインを読み解くことが困難であり、競争制限行為の明確化というガイドライン本来の役割を果たしていないという批判を受け、その構成を大きく変えることになった、2017年度のガイドラインは、第1部「取引先事業者の事業活動に対する制限」、第2部「取引先の選択」、第3部「総代理店」の構成となっている。

このように日本においても、近年徐々にではあるが再販売価格維持行為に対する規制は、緩和傾向にあることに注目しておく必要がある。

4.2.5 優越的地位の濫用

今日、優越的地位の濫用をめぐる問題が流通市場において特に問題視されるようになってきている。その背景としては、ディスカウント店、コンビニエンス・ストア、e コマースなどの新たな巨大流通業の出現があり、各々の業態における取引先との関係でこの優越的地位の濫用に抵触する場面が頻出しているからである。

優越的地位とは、取引の相手方に対し優越的な地位を利用して、正常な商慣習に照らして不当に、次の行為を指す。1．継続的な取引先に対し、自己の商品を押しつけ購入させる行為、2．継続的な取引先に対し、自己のために金銭等の提供をさせる行為（例えば、協賛金の要求）、3．相手方に不利益となるように、取引条件を設定変更する行為、4．以上の他、取引上で相手方に不利益を与える行為、5．取引先の会社の役員に干渉する行為（例えば銀行の融資先への人事干渉）。優越的地位とは、単純に取引当事者間におけるパワーの格差を意味するものではない。ここでいう優越的地位とは、市場支配力を基礎にして取引当事者間において相手方に強制力を有するような関係性を指す。それは、通常取引に於いてその資本力等の交渉力が均等であることは殆どなく、独占禁止法の目的が競争の維持に重点を置いているからである。

優越的地位の濫用を禁止する目的は、当該行為によって①取引相手方の自由かつ自主的な判断による取引を阻害する、②取引相手方が競争他社との競争に於いて不利になる、③行為者は自身の競争他社との関係で有利になり、公正な競争が阻害されることを、排除することにある。どのような場合が公正な競争を阻害する可能性が生じるのかの判断については、「優越的地位の濫用に関する独占禁止法上の考え方（通常、"優越ガイドライン"と呼ばれる）」に不利益の程度、行為の広がり等を考慮して、個別の事案ごとに判断する見解が示されている。

コンビニエンス・ストアや EC モールなどで優越的地位の濫用が争点となるケースが非常に多くなっているが、その理由は流通業の巨大化が背景にあ

る。流通業は自身の競争力をシステムに依存することが多く、内部へのコントロールの強化が優越的地位の濫用に該当すると判断されることが多いためである。

　また、この優越的地位の濫用は通常下請取引において起こる場合が多い。独占禁止法の補完法である下請法（下請代金支払遅延等防止法）を設け、親事業者が取引先である下請け事業者に対し製造委託（企画・品質等を細かく指定する）・修理委託・情報成果物委託（ソフトウェアの作成等）・役務提供委託（建設を除くサービス）から優越的な地位を利用して、不当に利益を得ることを禁止している。下請法の規定範囲外のような行為を、独占禁止法における不公正な取引方法でその行為を禁止している。

4.3　流通振興政策・流通調整政策・まちづくり政策・消費者保護政策

　本節では、競争によって生じる弊害を補正する役割を担う流通振興政策、流通調整政策、まちづくり政策、消費者保護政策について検討していく。

4.3.1　流通振興政策

　流通振興政策とは、激しく変化する流通への環境に苦しむ中小小売業に対する支援という性格を有している。戦前では1932年の商業組合法、戦後においては1948年に中小企業庁が創設、1962年には商店街に対し共同事業（仕入れや保管等）や環境整備事業（アーケードの設置）などを認めた商店街振興組合法が立法され、資金面などで中小小売業の支援体制が整えられていった。しかし、1960年代から、百貨店だけでなく総合スーパーマーケットも急激に成長を遂げたことで中小小売業の苦境は加速した。そのため、政府はこの問題について検討させていた産業合理化審議会・流通部会の報告書を受けて、中小小売業の支援に留まらず近代化を図ることを決定した。この新たな流通振興政策は①支援の強化（商店街活性化：中小小売業の集積である商店街の競争力強化、店舗共同化：集積のメリットを生かす店舗共同化の推進、ボランタリー・チェーンの組織化：仕入れ・配送などの効率化）、②立地の適正化（卸売業

の立地適正化：卸売業の集積によって生じる効率化の向上、商業近代化地域計画：都市計画などと調整した商業の近代化）、③流通システム化（生産—流通—消費の統合による生産性の向上等）、近代化を推進する内容から構成される。しかし、このような近代化を目的とする流通振興政策を実行したが、大規模流通業の圧力は凄まじく、中小小売業の苦境は更に加速していった。また、後述する1973年に中小小売商業振興法を制定し、同年に制定された大規模小売店法（大店法）により競争環境の悪化の是正を図ったものの、中小小売業の苦境を止めることは不可能であった。

　中小小売業の近代化の失敗の要因は、実行する中小小売業は本来独立した存在でありこれらの連帯を統制することに限界があったことと、支援自体の持続性にあったことにある。1991年には中小小売商業振興法が改正されたが、その内容にはまちづくりの構成要員として中小小売業の役割が追加された。これは、流通振興政策による中小小売業を大規模流通業との競争相手として自立できるように支援し近代化を推進するのではなく、中小小売業を、まちづくりに必要な社会的インフラという新たな役割の担い手としての役目を与え、支援できるように政策の方向性を大きく転換したことを意味する。この新たな中小小売業の支援策となるまちづくり政策については、後述する。

4.3.2　流通調整政策

　流通調整策は、競争環境を調整することによって中小小売業を流通市場における激しい競争から保護する性格を有している。流通振興政策と流通調整政策は、共に競争から発生する負の結果に対するバランス装置といえる。流通振興政策が競争に対応できるように支援するのに対し、流通調整政策は大規模小売業の事業活動を抑制することで、流通振興政策による中小小売業の成長の猶予を設ける役割を担っている。

　流通調整政策の歴史は比較的古く、1937年の（第一次）百貨店法にある。戦前において百貨店が唯一の大規模小売業であり、百貨店間における過当競争だけでなく、圧迫されつつあった中小小売業との競争を調整するために百貨店に対し出店規制や休店日数の設定などの規制が行われた。戦後において、同法は1947年に制定された独占禁止法の範囲と重なったことから廃止さ

れた。しかし、日本経済は復興が進み、それと並行する形で百貨店が成長を
復調した。その結果、戦前と同様に百貨店による中小小売業への圧迫が表面
化してきた。また、百貨店では返品や値引き、派遣店員の要請が横行し中小
卸売業者に対しても脅威となっていた。政府は百貨店の中小小売業への圧迫
に対して戦前と同様に 1956 年に百貨店法（戦前の百貨店法と区別する為に第二
次百貨店法という）を制定し出店の許可制、売り場面積の制限、休店日日数の
設定などを定め、中小の卸売業者への圧迫に対しては 1954 年に独占禁止法の
不公正な取引方法における特定業界を適用対象（特殊指定という）とする百貨
店業特殊指定を告示した（2005 年に百貨店特殊指定は廃止され、新たに大規模小
売業特殊指定に組み込まれた）。

　1960 年代に入ると、高度経済成長に伴って総合スーパーマーケットが急激
に台頭してきた。その背景には、急速な経済発展に伴う国内需要の急拡大以
外に百貨店が百貨店法によって規制される一方で、百貨店ほどの売り場面積
を有さない総合スーパーマーケットは規制の対象とならず急激に店舗数を増
やすことが可能であったからである。総合スーパーマーケットの台頭に苦し
む中小小売業は政府に対し規制を要請したことで、百貨店法が廃止され、
スーパーマーケットを含んだ大規模流通業を規制の対象とした大規模小売店
舗法（大店法）が 1973 年に制定された。同法では、百貨店法では各フロアを
別会社にすることで売り場面積に対する規制の対象から免れることが可能で
あったが、店舗面積（1,500 m^2、政令都市では 3,000 m^2 未満）で規定等により
厳格に規制されることになった。

　このような大規模小売店舗法のような中小小売業を保護しようとする流通
調整政策は、1980 年代後半に大きな転換期を迎える。1989 年に当時米国の貿
易赤字の解消が議題となった日米構造協議の中で、米国は貿易赤字を生み出
す要因の一つとして流通系列化とともに大規模小売店舗法の存在を問題視
し、その撤廃を要請してきた。米国側の廃止要請に対し、わが国は大規模小
売店舗法廃止ではなく大幅な規制緩和という形で譲歩案を提案し、決着し
た。この決着を受けて、1990 年には運用適正化措置（行政レベルの通達）が行
われ出店調整期間の短縮や出店抑制地域の廃止等が決定され、1992 年の改正
では売り場面積を 1,500 m^2→3,000 m^2、政令都市では 3,000 m^2→6,000 m^2 未

満に緩和され、1994年の同法の見直しでは売場面積1,000 m²未満の出店自由化、休店日数や閉店時刻の緩和等が行われた。1998年にはこれらを明文化し都市計画を目的とした立地規制目的とした大規模小売店舗立地法が制定された（同法が2000年施行され、大規模店舗法は廃止されることになった）。

　今日において、流通調整政策はその役割を終えたといえる。それは、大規模小売店舗法が緩和される前後における中小小売業の環境変化が背景にある。1990年代には総合スーパーマーケットを中心とした低価格販売の定着化、郊外へのショッピングセンターの進出、中小小売業の競争力が決定的に減退したことそれに伴う政治的パワーの縮小などがおこり、中小小売業を保護するインセンティブが社会的に失われた。そのため、中小小売業は大規模流通業と共存しつつ、まちづくりの構成員という新たな役割を担うことで支援され生き残りを図ることとなったのである。

　また、流通調整政策の一つに小売市場の濫立を防止することを目的とした1959年に制定された小売商業調整特別措置法（商調法）がある。小売市場とは日用品を扱う中小小売業が自主的に形成する10店舗以上の商業集積の一つであるが、市場を開設・運営するディペロッパーにより1950年代に多く開設された。高い賃料を要求するなどの小売市場を運営する悪徳ディペロッパーの出現や、中小小売業への経営圧迫などもあり、流通秩序の安定を目的に開設の許可制や他の小売業態との紛争の調整を定める同法が制定されたのである。1977年には中小企業保護の観点から大企業による特定分野への参入等を規制する分野調整法（正式名称：「中小企業の事業活動の機会の確保のための大企業者の事業活動の調整に関する法律」）が制定されたが、小売業は地域性が強いことを理由に小売商業調整特別措置法を改正・強化した上で適用除外とした。

4.3.3　まちづくり政策

　先述したように中小小売業への支援を担う政策であった流通振興政策は、大きな流通環境の変化によりその成果を上げることが困難となっていった。中小小売業にまちづくりの構成員として社会的インフラと捉えることで、中小小売業の支援を目的とした流通振興政策は、まちづくり政策へと移行して

いった。

　まちづくり政策の始まりは、大規模小売店舗立地法（2000年施行・2006年改正）・改正都市計画法（1998年施行）・中心市街地活性化法（1998年施行）の3つの法律から構成される「まちづくり三法」の制定にある。大規模小売店舗立地法は、先述したように総合スーパーマーケットのような大規模流通業の出店を緩和したものである。大規模流通業の発展は今日の消費者にとって不可欠な存在となっているが、一方で大規模流通業の出店を容易に認めてしまうことによって交通渋滞の発生や治安の悪化などの外部不経済といった問題が危惧される。そこで同法では大規模流通業の出店を生活環境の保全の観点から地元からの意見を求めた上で改善点を示し、その対応策を求めており、大規模流通業を中心としたまちづくりの環境整備といった側面を提供するものである。

　改正都市計画法とは、都道府県や市町村が都市計画に基づいた街づくりを進めるために、土地や建物の用途を規制するための法律であり、大店立地法の制定に伴い、都市計画法は市町村が自主的に商業立地政策を進めることができるように改正された。これに伴って、自治体の判断により、地域の特性に応じた出店調整が可能となった。

　中心市街地活性化法とは、モータリゼーションの進行や商店街を形成する中小小売商業の衰退によって生じた都市の空洞化問題に対して、中心市街地の活性化を目的とした政策を体系化したものである。同法は、中小小売業を中心市街地の活性化を担う重要な存在の一つと捉え、自治体にまちづくりの主体を与えそれを支援する仕組みを提供した。つまり、同法によって、中小小売業の役割を単に地域経済における重要な担い手だけでなく、コミュニティを担う重要な担い手という性格付けを行うことで、中小小売業の生き残る基盤を提供することとなったのである。

　まちづくり事業は商工会議所や第三セクター公益法人等が母体となるタウンマネジメント機関（TMO）等が中心となって主に中小小売業者等の活性化に関する事業と市街地の整備に関する事業を進められる。しかし、TMOを中心としたまちづくりは、国による人件費の支援がないという制度上の問題や、商工会議所が中心となるTMOではまちづくりの事業運営のノウハウが

ないなどの問題があり、その成果は低調なものであった。そこで、2006 年に同法は改正され、TMO を基盤とした街づくりから、中心市街地整備推進機構やまちづくり会社、商工会議所等により構成される中心市街地活性化協議会が創設された。また、同改正において中心市街地の支援事業を受けるためには国の基本方針に基づいた中心市街地化石化基本計画の策定、市街地の整備事業や街なか居住の推進等の支援措置の拡充等が行われ、改善が行われた。同法は、新しいまちづくり政策の方向性が示されたものとなっている。

　しかし、近年の経済不況や地方の人口減少に伴う大規模流通業の撤退といった問題が起こっている。このような難題に対し、まちづくり政策は今後、どのように対応していくかが期待される。

4.3.4　消費者保護政策

　消費者は、製造業者・流通業者間で展開される競争の中で弱い立場にあるといえる。競争を維持することが消費者利益に結び付くと前述したが、一方で企業間の激しい競争の展開によって消費者に不利益が生じる可能性がある。流通政策が、競争を通じた健全な流通の確立・維持を通じた消費者利益の確立を目的とするならば、この競争によって生じる不利益から消費者を保護する政策を講じる必要がある。これを消費者保護政策という。消費者保護政策は、不当景品類及び不当表示防止法、独占禁止法（不公正な取引方法）、その他（消費者契約法等）によって構成される。

　不当景品類及び不当表示防止法（1962 年、以下、景表法）は、製造業者・流通業者による不当な表示による弊害から消費者を保護することを目的とするものである。景表法の制定以前においては、1953 年に改正された独占禁止法における不公正な取引方法の一類型として取り扱われてきた。しかし、1960 年代頃にクジラ肉入りの缶詰を牛肉の缶詰と誤認させるような表記が多発した（いわゆる「ニセ缶詰事件」）問題や、また過大な景品付販売も広く展開されることによって懸賞による競争が展開され本来展開されるべき商品の品質や価格での競争が正常に機能しなくなるという問題が起こったことで不当表示の問題が表面化した。独占禁止法の不公正な取引方法といった方法でこれに対処することも可能であったが、多発する問題に迅速に対処する為にそれに

対応した手続きを有する法律が必要であったことから、景表法が制定された。

　また、景表法と消費者保護の性格を持つ法律として、品質等誤認行為（表示と商品やサービスの内容が不一致であることを認識できないようにする行為がある。例：本みりんと本みりんタイプとの差異）と信用棄損行為（競争相手の不利となる虚偽の情報の流布）を対象とした不正競争防止法がある。景表法は競争の基本的な権利を保証する観点から大企業の確立したブランドの不正利用やそれを陥れる行為を防止しすることで、競争秩序の維持を目的としている。このような趣旨の違いから、所管官庁は、景表法は消費者庁（2009年に消費者庁の創設に伴って公正取引委員会の所管から移行）、不正競争防止法は経済産業省の所管となっている。

　独占禁止法においても、消費者を競争の弊害から直接的に救済する規定が設けられている。同法の不公正な取引方法の一般指定（2条9項6号）では、不当な顧客誘引（「ぎまん的顧客誘引（指定8項）」「不当な利益による顧客誘引（指定9項）」「抱き合わせ販売（指定10項)」）は、過度の競争による弊害から消費者を保護することを目的に規定されている。

　ぎまん的顧客誘引とは、事実異なる情報に基づいて自社の商品・サービスが競争他社の商品・サービスよりも優れていると消費者に誤認させ、自社との取引に誘引する行為を指す。具体的な形態としては、虚偽・誇大表示等による誤認行為などがある。当該行為は、流通市場に於いて情報的に弱い立場にあるといえる消費者の正常な商品・サービス選択を歪めるものとなる。ただし、一般の消費者を対象とした景品表示法があることから、同規定は事業者間またはマルチ商法などに限定され適用される。

　不当な利益による顧客誘引とは、正常な商慣習に照らして不当な利益によって自身との取引に誘引する行為をいう。当該行為は、本来展開されるべき商品・サービス自体の競争ではなく（例えば、過度に高額な景品付き販売などの提供）、消費者の適正かつ正常な商品・サービスの選択を歪めることとなる。ただし、当該行為は殆どの場合、景品表示法によって規制される。

　抱き合わせ販売とは、主たる商品・サービスの供給に他の商品・サービスも併せて供給し、消費者・事業者に両方の商品・サービスの購入を強制する行為である。主たる商品・サービスに競争力や希少性がある場合において、

相対的に弱い立場にある消費者は、欲していない商品・サービスの購入を強制する効果があり、消費者の商品・サービスの選択を妨げるものとなる。

　消費者保護政策に供するその他の法律として、生命・財産の被害を防止し自治体の消費者センターの設置を定める消費者安全法、不当な勧誘による契約の解消等を定めた消費者契約法、トラブルの起きやすい訪問販売等についてのルールと消費者保護を定めた特定商取引法等がある。

［引用参考文献］

石原武政・加藤司（2009）『日本の流通政策』中央経済社

久保村隆祐（編著）（1970）『マーケティングと独占禁止法』日本生産性本部

久保村隆祐・吉村壽（編著）（1984）『現代の流通政策』千倉書房

経済産業省（編）（2007）『新流通ビジョン』経済産業省調査会

実方謙二（1992）『独禁法の原理・原則』総合法令

鈴木武・岩永忠康（1998）『現代流通政策論』創成社

正田彬・実方謙二（編）（1979）『独占禁止法を学ぶ』有斐閣

田村正紀「流通系列化と独禁政策」『公正取引』No. 342

中野安（1975）『価格政策と小売商業』ミネルヴァ書房

根岸哲・舟田正之・野木村忠邦・来生新（1983）『独占禁止法入門』有斐閣

野木村忠邦（1980）「マーケティング活動と流通系列化」『ジュリスト』716号、有斐閣

野木村忠邦（1980）「垂直的販売制限と独占禁止法」『経済法』経済法学会編 No. 22

野田実編著（1980）『流通系列化と独占禁止法』大蔵省印刷局

松下満雄（1982）『アメリカ独占禁止法』東京大学出版会

村上政博（1987）『アメリカ独占禁止法—シカゴ学派の勝利—』有斐閣

矢部丈太郎・山田昭雄・上杉秋則（1992）『流通問題と独占禁止法 1992 年度版』国際商業出版

渡辺達郎（2011）『流通政策入門』中央経済社

■ 第5章　流通産業史 ■
―小売業発展の歴史とその性格―

5.1　産業革命と流通業の発展

　流通とは生産と消費を繋ぐ経済システムである。本章では、流通の歴史的発展のプロセスを小売業の視点から検討していく。

　産業革命以前の経済は、生産は徒弟制度を基礎とした家庭内手工業が中心で、今日のような工場で生産される量と比較できないほどその生産量は少量なものであった。物流面においても、その主要な運搬技術は荷馬車・帆船が担い、その輸送範囲・輸送量は限定的なものであったことからその商圏は大きく制約されていた。また、消費雇用を支える労働人口もいくつかの世界的な都市が存在したものの、産業革命以前においてはヨーロッパでは荘園経済（農業を中心とした閉鎖的地域経済）が主流であったことから、労働者の殆どは地方で農業に従事しているといった状況にあり、その消費は脆弱なものであった。

　18世紀後半にイギリスで起こった産業革命は、世界に波及し現代経済の基盤を提供するに至った。産業革命は、ジェームズ・ハーグリーブスによる紡績機をはじめとする石炭を動力とした大規模生産施設となる工場の出現による大量生産、ジョージ・スチーブンソンの蒸気機関車の発明を発端とする大量輸送技術、生産技術・物流技術が整ったことで生じる都市部への労働人口の流入（都市化）によって生じた消費量の増加、といったこれまでの経済体制を大きく変えるものであった。その後、産業革命はアメリカ、フランス、ドイツ、日本などに波及していった。

　産業革命以前においては、富裕階級向けの特定の商品に特化し販売を行う小売業者は存在していたものの、ほとんどの小売業は生産者を兼ねていた。また、農村への販売を担っていた巡回商人や定期的に開催されるマーケット

に出店する者がいた程度で規模は非常に小さなものであった。しかし、産業革命による工業化の出現によって商品の生産量は増大し、物流技術の発展により商品の提供体制が整ったこと、労働力の都市部への集中によって生まれた消費需要の増大が、これまで脆弱な存在であった流通を発展させることとなったのである。

　次節以降では、流通の発展を小売業の発展の視点から時系列的に検討していく。

5.2　デパートメント・ストア

　産業革命によってもたらされた新たな小売業の出現の要請は、デパートメント・ストアという新たな小売業態を生み出した。このデパートメント・ストアは、小売業の近代化に大きく寄与するものであった。

　デパートメント・ストアの起源は、1852 年にフランスのパリにおけるアリステッド・ブシコーが開業したボン・マルシェにある。当時フランスにおいても産業革命が起こり、衣料品の生産が手工業から機械工業に変わったことで、この大量生産された衣料品を販売する小売業についても変化が迫られていた。それまでのフランスにおける衣料品の販売は、需要も少なかったことから、小売業者と顧客で直接的に価格交渉が行われていた。しかし、この方法では、大量生産された商品を流通させることは困難であった。ボン・マルシェは、それまでのフランスの小売業で採用されていなかった定価表示、低価格、現金販売、返金・返品制度などを導入し、販売方法を大きく転換させた。また、その後、ボン・マルシェは衣料品だけでなく、雑貨や靴、陶磁器などにも取扱いの範囲を広げ、品揃えの豊富さを背景に消費者からの支持を獲得していった。

　しかし、ボン・マルシェは小売業の大規模化をもたらしたものの、近代化をもたらすものではなかった。小売業の近代化を決定的にしたのは、アメリカにおけるデパートメント・ストアである。

　アメリカにおけるデパートメント・ストアの起源は、A.T. スチュワート（ニューヨーク・1862 年）、メイシー（ニューヨーク・1858 年）、ワナメーカー

（フィラデルフィア・1861 年）などをあげることができる。南北戦争前後（1860年代前後）において、アメリカにおいても産業革命の影響が顕著に表れ始め、都市における消費需要が増大した。アメリカにおけるデパートメント・ストアもフランスのボン・マルシェと同様に衣料品の品揃えの範囲を拡張し、進化していったが、その発展を店舗の大規模化にのみに留まらせることなく、①衣料品関連に限らない総合的な品揃え構成（食堂や金融サービス部門の設置）、部門別の分権管理（個々の売り場に管理運営権の付与）、職能別分業（仕入れ、販売など従業員が職能別担当）、積極的な広告宣伝活動（新聞の全面広告）といった小売業の近代化を急激に推進するものであった。アメリカにおけるデパートメント・ストアは 1920 年代まで小売業の主役的な地位にあったが、1920 年代以降にはチェーン・ストアとの競争激化、同業態間の競争の激化、品揃え拡張に伴う経費の増加などによって衰退を迎えた。その後、ショッピング・センターへの店舗出店、マーチャンダイジング機能の先鋭化などの新たな方向性を打ち出すことによってその存在を確立していった。

　日本におけるデパートメント・ストアは、文明開化によってもたらされた。明治政府によって導入された文明開化は人々の洋装化を進め、それを推進したのが呉服店であった。その後、呉服店は洋服やその他商品の販売にも着手し総合日用品店へと転化するものであった。代表的なものとして、1904年に三井呉服店から三越呉服店（後の三越）への改組し、アメリカのデパートメント・ストアを参考にした呉服店からの業態転化をあげることができる。これが日本におけるデパートメント・ストアの始まりであり、白木屋、松坂屋、高島屋などもこれに続く形で呉服店からの業態転化が行われた。地方においても、同様に呉服店からのデパートメント・ストアへの転化が図られ、地域経済における重要な役割を果たすようになった。

　日本におけるデパートメント・ストアの出現も、これまでの販売手法を変えるものであった。三越の前身である三越呉服店に代表される呉服店の販売方法は、顧客の要望を伺いそれに応じて商品を見せるという手法である「店前（たなさき）売り」が行われていた。しかし、店前売りでは大量の商品を販売することは困難であることから、デパートメント・ストアでは店頭に商品をディスプレイし顧客にそれを選択してもらうという陳列販売が導入され

た。この陳列販売は、販売手法の近代化だけでなく売り場の近代化をもたらすこととなった。売場の近代化の代表例として、三越では 1904 年には店頭にはイルミネーションが設置、1914 年には日本初のエレベーター、エスカレーターなどが整備された新館の設置など先進的な技術が導入された。

　日本におけるデパートメント・ストアの起源は前述のように呉服店にあるが、電鉄会社が出資するデパートメント・ストアの存在も忘れてはならない。1929 年に電鉄会社初のデパートメント・ストアである阪急百貨店が開業するが、その背景には都市部における俸給生活者（現代でいうサラリーマン）層の増大がある。電鉄会社は自身の沿線の始発駅にデパートメント・ストアを設置することで、沿線に住む利用者の消費を囲い込むことを目的としたのである。このような電鉄系のデパートメント・ストアが出現したのは日本独自の発展形態である。

　日本のデパートメント・ストアは、自身の利益が奪われる中小小売業者から敵視され、度々規制の対象となってきた。戦前にはその脅威に晒された中小小売業者による働きかけによって立法されたデパートメント・ストアに営業規制をかける百貨店法（1937 年立法、1947 年廃止）、戦中・戦後においては物資面の不足からその営業は大幅な制限が加えられた。1950 年代後半から1970 年年代前半における高度経済成長期において、旺盛な消費需要に応えるべくデパートメント・ストアは復活を遂げ、第 2 次百貨店法（1956 年制定、1973 年大規模小売店舗法に吸収され廃止）が設けられた。

　オイルショックなどによって停滞はあったものの、1980 年代半ばからはじまるバブル経済期には大幅な成長がみられた。しかし、1990 年代初頭にバブル経済の崩壊と共にその長期にわたるデパートメント・ストアの発展は終焉を迎える。バブル経済の崩壊によって消費需要が急激に落ち込み、更には後述するスーパーマーケット、多くのデパートメント・ストアは生存の危機に瀕した。その為、都市部のデパートメント・ストアでは生き残り戦略として合併が行われた。2003 年には西武とそごう（2006 年にセブン＆アイ・ホールディングスに子会社化され、そごう・西武）、2007 年には大丸と松坂屋（現・J フロント・リテイリングとして経営統合し、2010 年には大丸松坂屋百貨店）、2008 年には三越と伊勢丹（現・三越伊勢丹ホールディングス）、2008 年には阪神と阪急

（阪急阪神百貨店）が合併することで危機の回避を試みた。しかし、その衰退は止まらず、現在も不採算となっている地方の店舗を閉鎖し規模の縮小を急激に加速させている。また、地方デパートメント・ストアの衰退は更に激しく、大沼（山形県・2020 年閉店）中合（福島県・2020 年閉店）などの地方の有力デパートメント・ストアの閉店が近年増加している。

5.3　通信販売

デパートメント・ストアが都市において増大する需要に応える新たな小売業として出現した一方で、通信販売は当時大きな潜在的な購買力を有していた農村地域向けの小売業として出現した。この通信販売という小売業態が出現するには、物流インフラの整備と郵便制度の確立という 2 つの条件が必要であった。このことから通信販売は、物流インフラと郵便制度が早期に整ったアメリカで誕生し大きく発展したことから、その発展と特徴を考察していく。

物流インフラの整備は、地方の消費者の商品購買の機会を狭める地理的な制約を開放するものであった。アメリカにおいて、1869 年に東海岸と西海岸を繋ぐ最初の大陸横断鉄道が開通し、その後も全国を繋ぐ鉄道が急速に敷設されていったこと、また鉄道を補完するように自動車の普及やそれが通行する道路などによって物流インフラは急速に整備されていった。物流インフラが未整備であった頃は、地理的制約が大きく商品流通を滞らせていた。当時、地方ではペドラーと呼ばれる行商人や僅かに点在する最低限の生活必需品を扱うゼネラル・ストアのみに商品の販売が限られていた。急速な物流インフラの整備は、商品流通の地理的範囲を飛躍的に拡大させる大きな契機となった。

郵便制度の確立は、情報面における制約を大きく開放するものであった。地方における消費者は情報を得る方法が限定的であったが、物流インフラが整備されたことを背景に郵便制度が整備されたことで、地方の消費者は郵便制度を利用した商品カタログによって商品情報にアクセスすることが可能となった。また、通信販売で販売される商品は、そのほとんどが大量仕入れに

よって低価格に設定されていたことで農村部の消費者からの支持を得ていた。

　代表的な通信販売企業として、モンゴメリー・ワード社（1872年）とシアーズ・ローバック社（1872年）を挙げることができる。モンゴメリー・ワード社は、中間商人を排除し製造業者から直接商品を大量に仕入れることで単価を安く設定し、商品と価格表を載せたカタログを作成することで、地方における農業従事者の販路を獲得することで成功した。同社は、カタログに農業団体役員の推薦文を載せることで農業従事者の信頼の獲得し、団体所属員限定の特価や猶予期間を延長する手法をとった。また、商品に対して不満があった場合、送料を会社が負担し返品・返金に応じるという方法で信頼を獲得していったのであった。その後、農業従事者だけ留まらず、その販売手法をアメリカ全土に拡張し、成長させていった。

　シアーズ・ローバック社は、当時ステイタス・シンボルであった時計の通信販売によって成功を収めた通信販売業である。同社は、時計メーカーから完成品を仕入れるのではなく、ムーブメントやケースを個別に仕入れ独自に製造することで低価格の時計の販売を可能にした。更には自社のライバルとなる時計メーカーからも大量に商品を仕入れることを条件に割引を要求し、低価格で顧客に販売した。また、同社は、デパートメント・ストアと同様に販売した商品の品質保証や返品・返金の自由を導入している。その後、時計に留まらず多くの商品を取扱ったことで、地方の消費需要を獲得していった。また、通信販売を専門にした両社が成功を収めたことで、百貨店も通信販売に進出を行った。

　通信販売は、物流インフラの整備と郵便制度の確立を巧みに利用し、地方の消費者需要に応えるものであった。しかし、自動車の普及と道路の整備が加速し、農業従事者を中心とした地方の消費者は自ら都市部における実際の店舗に買い物に出かけることが可能となった。それに伴い通信販売の利用が減少し、また郵送料やカタログ製作費の負担が増大したことで通信販売は1920年代以降には急速に衰退していった。そのため先述のモンゴメリー・ワード社とシアーズ・ローバック社の両社は、カタログによる通信販売に加えて、後述するチェーン・ストアを展開し、実際の店舗での販売へとその販売戦略を変更することになった。

　日本における通信販売は、1876 年の農業雑誌を通じたトウモロコシの種の通信販売や 1930 年の大日本雄弁会講談社（現・講談社）による雑誌広告を用いた雑貨や日用品の販売に起源がある。通信販売が本格的に展開されたのは 1960 年代であり、その後もテレビ通販の開始や女性の社会進出などにより通信販売は成長していった。2000 年代以降においては、インターネットの急激な発展により、多くの通信販売は e コマースへと移行している。

5.4　チェーン・ストア

　デパートメント・ストアと通信販売という新たに出現した小売業態が、産業革命によって生じた初期の消費需要の増大の受け皿となっていた。その後、物流インフラの整備によって出現した、全国市場に対応する小規模の店舗で多店舗経営を行うチェーン・ストアが登場した。

　チェーン・ストアとは、食料品・雑貨を中心とした多店舗経営の小売業態である（広義の意味では、業種関係なくにアメリカでは 11 店舗以上、日本では 10 店舗以上の支店を持つ企業を指す）。チェーン・ストアの最大の強みは多店舗経営による収益の拡大と、仕入・販売の機能別分業組織の導入による効率化である。デパートメント・ストアのような大型小売業であっても、その商圏には限界があり、地理的制約から逃れることはできない。チェーン・ストアの場合は小規模の店舗を各地域に出店することで、地理的制約から開放されるのである。

　また、多店舗経営するにことによって、仕入れ量を大きくすることが可能となる。仕入れ量の増大は、仕入先への交渉力（バイイング・パワー）が増すことになり、低価格での仕入れを可能にすることができる。この多店舗運営を背景にした仕入れが販売価格にも反映され、顧客に対し強力な訴求力となる。

　仕入・販売の機能別分業の導入は、本部における大量仕入れのメリットと各店舗に分散されている店舗の販売のメリットを同時に実現した。本部の仕入責任者が全店舗の一商品部門の責任を負い、各店舗の販売責任者が売場部門の一売場部門の責任を分担して負うものであり、このような仕入れと販売

の分離によって効率性を達成することが可能となった。

　チェーン・ストアはアメリカで最初に出現した。1859 年に創業したグレート・アトランティック・アンド・パシフィック・ティー・カンパニー（A&P 社）は、当時よく飲まれていた紅茶を中間業者を排除し自ら輸入し、自身の店舗販売することで低価格販売を訴求し多くの消費者から支持された。その後、大陸横断鉄道の完成を背景に、店舗数を全米に拡大し、紅茶以外にコーヒーやパンなどの食料品の取扱い商品数も増やしていった。1912 年には、それまで採用していた掛け売り・配達を止め、現金払い・持ち帰り制を導入した。この現金払い・持ち帰り制を導入したことで、1 店舗に係るコストは軽減し、薄利多売を追及するエコノミー・ストアとして、店舗数を更に増加させた（1923 年には、全米で 9303 店舗、3 億ドルの売上高を記録した）。この他にも、アメリカで発展したチェーン・ストアとして、取扱う商品の均一価格販売を行うバラエティ・ストアのチェーン・ストアを展開し成功したウールワース社、衣料品を中心としたチェーン・ストアを展開した J.C. ペニーなどがある。

　日本においては、チェーン・ストアは連鎖店として表記され、その起源は 1905 年のパンを製造するマルキ号株式会社がチェーン・ストアにある。その後、森永製菓や明治製菓などの製造業者もチェーン・ストアを展開している。ただし、日本で最初に成功したチェーン・ストアは、1931 年デパートメント・ストアを営む高島屋が菓子や化粧品等の生活必需品を十銭で販売する高島屋十銭ストアである。しかし、これらチェーン・ストアは戦中・戦前の混乱期によって、物資不足の為その発展を止めざるを得なかった。

　チェーン・システムの形態は、単一資本の下で行われるレギュラー・チェーンの他にファンチャイズ・チェーンとボランタリー・チェーンの形態がある。フランチャイズ・チェーンとは、異なる資本同士が契約関係を基礎にチェーン組織のメリットを相互に享受しようとするものである。この形態に代表される流通業態としてコンビニエンス・ストアがある。同形態については詳細を後述する。次に、ボランタリー・チェーンは、チェーン組織の本部となる卸売業を中心に疑似的なチェーン・システムを形成する卸主催ボランタリー・チェーンと、中小規模小売業者が組織を形成し共同で新たな本部

を設置するコーペラティブ・チェーンの2つの形態に分類され、複数の中小規模小売業者が独自性を維持しつつもチェーン・システムのメリットを享受することを目的に組織されるものである。

　チェーン・ストアによって大量仕入れによる低価格販売への追及と、仕入・販売の機能別分業は、小売業の近代化・巨大化を加速させ、後に生まれる新たな小売業態に大きな影響を与えるものであった。

5.5　スーパーマーケットとGMS（ゼネラル・マーチャンダイジング・ストア）

　第一次世界大戦以後も、世界経済は順調に成長を遂げていた。特にその成長著しかったのは、アメリカであった。アメリカは1920年代には、「狂乱の時代」と称されるように芸術・文化は大きく成熟し、大量生産・大量消費の時代を迎えていた。しかし、1929年に株価の大暴落を契機に世界大恐慌が起こり、アメリカのみならず世界は慢性的な不況に悩まされる時代を迎えた。

　このような不況下で、チェーン・ストアは逆風に晒されていた。チェーン・ストアの急激な成長は、既存の独立した中小小売業者を追い込むものであったことから、チェーン・ストア反対運動がアメリカ国内で展開されていた。1929年には、いくつかの州で店舗数に応じた累課税を課すチェーン・ストア税が導入されている（後にこの課税は違憲との判決が出ている）。更には、同一商品について購買先の規模や年間総取引額に基づき異なる価格で個別に販売する行為（これを差別価格という）を製造業者・卸売業者に対し禁止するクレイトン法2条を政府は改正（改正部分をロビンソン・パットマン法という）した（ただし、商品の販売数量や引き渡し方法に起因する製造・販売・配送コストに基づく価格差は認められる）。これらによってチェーン・ストアの低価格販売は大きな制約が設けられた。アメリカにおける世界恐慌の影響やチェーン・ストアに対する逆風は、新たな小売業態の出現を要請する環境下にあった。

　このような要請の中で生まれた新たな小売業態が、キング・カレン（1930年）やビッグ・ベア（1932年）などの食料品を扱うスーパーマーケットであ

る。この新しい小売業態は、①大量仕入れによる低コスト化、②徹底した低価格販売の追及、③セルフ・サービスの導入、④スクランブルド・マーチャンダイジングの導入、という特徴を有している。①大量仕入による低コスト化とは、先述したチェーン・ストアによって開発されたもので、スーパーマーケットは大量に仕入れした商品を陳列する為に店舗面積を拡大することで更なる低コスト化を達成するものである。②徹底した低価格販売の追及とは、それまでの商品部門別のマージンに平均的なマージンを課すのではなく、一部の商品の原価ないしは原価を下回る価格で販売する方法を採るものである。店舗の価格の安さを顧客に訴求し、商品ごとで利益を追求するのではなく、特定の商品をおとりにして安さを認識させ、結果的に購買される商品全体で利益を獲得するという手法である。③セルフ・サービスの導入と現金持帰り制とは、これまでの小売業の販売方法を大きく変えるものであった。セルフ・サービスの導入は、大量仕入れによる店舗面積の拡大によってそれまでの接客が伴うクラーク・サービスでは非効率的となり、顧客に自身で商品を選択させるものであった。これにより余剰な店員を雇う必要がなくなり、差別価格に抵触しない方法で低価格販売を可能にした。④スクランブルド・マーチャンダイジングとは、特定の商品の取扱いだけでなく、主軸となる商品以外のモノも扱うというものである。これによってスーパーマーケットのワンストップ・ショッピングの魅力が高まった。また、このスクランブルド・マーチャンダイジングは、その範囲を衣料品や雑貨といった日用品にまで拡大することで総合日用品スーパーマーケットであるGMS（General Merchandising Store）という新たな小売業態を生み出すことになった。

　スーパーマーケットは新たな形態として総合日用品を扱うスーパーマーケットであるGMSを派生させた。GMSの先駆者として代表的なものが、通信販売業を展開していたシアーズ・ローバック社が展開していたシアーズである。同社は1925年、自動車の普及に伴い都市郊外に新たな形態のデパートメント・ストアを各都市で展開していたが、チェーン・ストア方式の大量仕入れに基づく総合日用品の低価格販売を行うGMSに業態を転換した。GMSは通常は食料品を扱うことはないが、ウォールマート社（1962年）が1988年に食料品も同一のフロアで扱うスーパーセンターという新たなGMSを展開

した。この新たな形態の GMS は、仕入コストと物流コストの削減、同一のフロアで行うことで人件費を抑制、チェーン・ストア方式の大量仕入・大量販売に基づく EDLP（Every Day Low Price）という 365 日の低価格販売といった特徴を持ち、低価格販売を徹底的に追及するものであった。ウォールマート社はこのスーパーセンターを武器に全米・世界に店舗を拡大し、今日世界最大の小売業者として君臨している。ウォールマートのスーパーセンターという新たな GMS の形態が展開される以前においては、アメリカではチェーン・システムを基礎に食料品を扱うスーパーマーケットと食料品以外の総合日用品を扱う GMS は分離し発展を遂げてきた。しかし、日本ではこの食料品を含む総合日用品を扱う GMS は総合スーパーマーケットという小売業態としてアメリカよりも早い段階で展開されていた。この日本で独自に発展したこの小売業態は、セルフ・サービス・ディスカウント・デパートメント・ストア（SSDDS）とも呼ばれ、セルフ販売方式を採用した低価格販売を志向するものとして、大きな成功を収めた。

　日本におけるスーパーマーケットの源流は、セルフ・サービス方式を導入する 1952 年の東京・青山の紀伊国屋食料品店にあるといわれているが、それは低価格販売を意図したものではなかった。低価格販売を意図したチェーン・システムを利用し成功したのがダイエー（1957 年）である。同社は、店舗数を拡大することでチェーン・システムの利点を活用し、低価格販売を武器に消費者の支持を獲得し成長した。1972 年には長期にわたりデパートメント・ストアによって守られていた小売業界売上第 1 位の座に就いた。このようなダイエーをはじめとする総合スーパーマーケットは、チェーン・システムを基盤とした価格交渉力となるバイイング・パワーを用いて、伝統的な卸売業者を経由した流通チャネル「製造業者➡卸売業者➡小売業者」を否定し、「製造業者➡小売業者」という新たな流通の形態を生み出した。このような卸売業者を排除した流通の形態の出現を流通革命という言葉で表現した。

　一方で、このような流通における急激な変化は製造業者と総合スーパーマーケット間のコンフリクトを生み出した。代表的なものとして、1964 年のダイエーと松下電器産業（現・Panasonic 社）によるカラーテレビをめぐる価格決定競争がある。価格決定を維持したい松下電器産業は、ダイエーによる

過度な値引きに対する対抗措置として取引停止を行った。ダイエーはこの措置に反発し、値引きを止めなかったことから 1994 年まで取引停止が続いた。

　日本における総合スーパーマーケットは、1973 年のオイルショックによる消費の停滞や同年に制定された大規模小売店舗法（大店法）による出店規制によって停滞することになった。しかし、出店を規制していた大規模小売店舗法は、日米構造協議による流通市場における閉鎖性の解消を目的に制定された大規模小売店舗立地法（2000 年施行）によって、大型店の出店規制は一部解除されたことで、再び拡大の傾向を見せた。しかし、2000 年代以降のカテゴリー・キラーの攻勢や e コマースの出現などの流通環境の変化により苦境に立たされている。

5.6　コンビニエンス・ストア

　デパートメント・ストア、通信販売、チェーン・ストア、スーパーマーケット、GMS といった新たに生まれてきた小売業態に共通しているのは、常に低価格戦略を志向していた点にある。しかし、社会情勢が変化し人々の生活様式も変化したことで、低価格を訴求せず人々の利便性に合わせた新たな流通業態が出現した。それがコンビニエンス・ストアという小売業態ある。コンビニエンス・ストアは、コンビニエンスということが示す通り、時間・立地・品揃えの利便性を追求した小売業である。コンビニエンス・ストアの特徴として①他の流通業態と比較して圧倒的に小さい店舗面積、②限定的な商品ラインと少ない在庫、③基本的には生鮮食品を取扱わない、④値引き販売を通常行わない、⑤長時間営業しており店舗近隣の消費者をターゲットとる、等が挙げられる。また、百貨店、チェーン・ストアやスーパーマーケット、GMS といった小売業は単一資本によるレギュラー・チェーンを採用し成長を遂げてきたが、コンビニエス・ストアは、フランチャイズ・システムを採用することで成長を遂げた。フランチャイズ・システムとは、システムを運営するフランチャイザー（本部）と、フランチャイジーと呼ばれる加盟店が契約を結び形成されるチェーン組織である。コンビニエンス・ストアの

場合、フランチャイザーと呼ばれるコンビエンス事業の本部は商品の仕入れ・商品開発・情報処理・店舗開発等のシステムの競争力を構築する役割を担う。一方で、フランチャイジーは、システム加盟料とロイヤルティ（システム利用料）をフランチャイザーに支払うことでフランチャイザーによって開発され提供される商標の利用、経営ノウハウ、その他システム等のいわゆるフランチャイズ・パッケージを受け取るのである。つまり、フランチャイズ・システムは、契約を基礎とすることで、別個の資本で形成されているがレギュラー・チェーンと同様の効果を得ることができる。フランチャイズ・システムを形成する目的は、フランチャイザーは店舗数拡大のコスト削減にあり、フランチャイジーは低コストによる事業の開始と拡大にある。

コンビニエンス・ストアの源流は、1927 年にアメリカ・テキサスで開業したサウスランド・アイス社にある。同社は、当時電気冷蔵庫がなかったことから週 7 日、毎日 16 時間の営業を行い貯蔵用の氷の販売を行っていた。また、顧客の要望でミルク、パン、卵などを取扱うようになったことで、近隣の住民から支持された。当時は未だ氷の販売が主であったことから、同社のコンビニエンス・ストアの本格的開始は、1946 年のセブン・イレブンと社名を変更したことから始まったといえよう。

日本におけるコンビニエンス・ストアの出現は 1970 年代初頭に見られる。当時、総合スーパーマーケットの急激な成長によって中小小売業を保護する必要性から 1973 年に先述した大規模小売店舗法が制定され、また中小小売業の近代化策として中小企業庁が「コンビニエンス・マニュアル」を作成し、同事業に参加を呼び掛けた。このような背景から、大規模小売店舗法によってその成長が抑制された総合スーパーマーケット資本は、新たな小売業態の可能性を模索していたことから、各社は、西友の実験店舗（1973 年、のちに 1978 年にファミリーマートを開業）、イトーヨーカ堂のセブン・イレブン（1973 年）、ダイエーのダイエー・ローソン（1975 年）のコンビニエンス・ストア事業を展開した。また、この他にも、食品製造業者や問屋による参入もあった。

日本のコンビニエンス・ストア事業は、アメリカからコンビニエンス・ストアという小売業態を輸入したものといえるが、両国間における流通環境の違いによって適合するものは殆どなく、各社は自身で日本に適合したコンビ

図 5-1　フランチャイズ・システムの仕組み

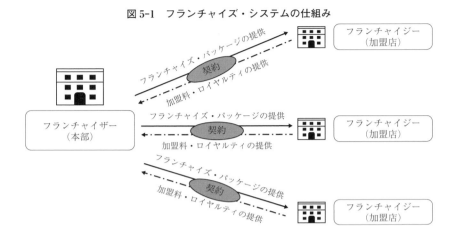

ニエンス・ストアが独自に新たに築く必要があった。日本のコンビニエン
ス・ストアが独自に導入し今日のコンビニエンス・ストアの屋台骨となるビ
ジネス・モデルとして、POS（Point Of Sales：購買時点情報管理システム）と
多頻度小口配送がある。コンビニエンス・ストアでは早い段階で情報技術の
導入を行い、単品管理を可能にした。この POS を経由した緻密な商品管理が
店舗面積の小ささ故に在庫スペースを有さないコンビニエンス・ストアに適
宜必要な量のみを輸送する多頻度小口配送という新たな物流システムを創り
出し、巨大な流通産業の礎を構築したのである。また、小売販売の付随的な
サービス提供である公共料金支払い代行サービス、ATM の設置、宅配の取
次、防災ステーションなど社会インフラとしての役割を積極的に担ってきた
こともコンビニエンス・ストアの急速な発展を支えた一因といえる。

　さまざまな先進的な取り組みの成果で、業界第 1 位のセブン・イレブン社
は 1974 年には 100 店、1990 年には 4,270 店、2019 年には 20,876 店にまで拡
大した。2 位以下の、ローソン、ファミリーマートも追走するように店舗数
を拡大し、2019 年には全国のコンビニエンス・ストア店舗数は 5 万 5,620 店
にまで店舗数を増やした。

　日本においてコンビニエンス・ストアがここまで成長した背景には、①日

本における新たな消費者層の出現、②フランチャイズ・システムにとって有利な環境があったという点である。①日本における新たな消費者層の出現とは、1970 年代までの高度経済成長は人々の生活は豊かになる一方で、労働時間の長時間化や女性の社会進出による共働きの増大を生み出したことを意味する。コンビニエンス・ストはこれらの時間に追われる人々の新たな消費需要を的確につかんだといえよう。②フランチャイズ・システムにとって有利な環境とは、1970 年代にかけて総合スーパーマーケットの進出によって、多くの中小小売業は圧迫されていた。コンビニエンス・ストアは、店舗数拡大のために精巧なマニュアルを提供し、これら経営が圧迫されていた中小小売業のコンビニエンス・ストア事業への参入を容易化し、自身のシステムに組み込むことが可能な環境が偶然にも整っていたからといえる。

　しかし、コンビニエンス・ストアは今日大きな岐路に立っている。コンビニエンス・ストア事業が海外で展開されつつある一方で、国内では国内市場の飽和化やフランチャイジーの過重労働問題などの難題が起こっていることから、今後何らかの規制が加えられていく可能性が高い。

5.7　ｅコマース：プラットフォーマー、オムニ・チャネル、DtoC

　1990 年代半ば IT 革命が起こり、個人のライフ・スタイルを含んだ社会全体が大きく変化した。消費者はインターネットによって、これまでアクセスが困難であった情報に容易に得ることが可能となった。ICT（Information and Communication Technology）の発展は、ｅコマース（electronic Commerce：電子商取引）という新たな流通形態を生み出した。ｅコマースは、既存の商取引と異なり地理的制約・時間的制約を受けないことから全国ないしは世界の消費者をターゲットとすることが可能となり、今日急激な成長を遂げている。このｅコマースを牽引するのは、プラットフォーマーと言われるデジタル空間における市場システムを提供する企業である。

　プラットフォーマーの代表的な企業は amazon（1994 年創業、日本では 1996 年サービス開始）であろう。同社は、書籍の販売から事業を展開し、現在では総合的な商品を取り扱っており、2019 年には小売業界で世界第 4 位の地位に

まで急速に成長している企業である。同社の成功を支えた点は、①デジタル空間を利用した豊富な品揃え、②低価格の追求、③物流システムにある。

　①デジタル空間を利用した豊富な品揃えとは、同社は商品をメーカーや卸売業者から商品を仕入れ・販売するだけでなく、自身のプラットフォームの利用を希望する他の事業者（中小小売業者、販売チャネルを有さない中小製造業者など）にも手数料を取る代わりに同社のプラットフォームを提供することで豊富な品揃えを可能にしている（同社のプラットフォームを他事業者に利用させるサービスをマーケットプレイスという）。同社が自身のプラットフォームを他の事業者に解放する理由は、自身の商品構成だけでは限界があり、他の事業者を自身のプラットフォームに巻き込むことで商品構成を拡大することができるのである。これは他の事業者にとっても、amazon.com というサイトを通じて低コストで多数の消費者との接点を持つことが可能になることから、そのシステムに加入するメリットがある。このようなデジタル空間を利用した豊富な品揃えは、顧客にも魅力的であるといえる。消費者は、実際の店舗では数種類の商品しか比較検討することができないが、同社のサイトでは、同社が所有する商品だけでなく、そこに出店する事業者の商品を比較検討することができ、満足した選択をすることができるからである。

　②低価格の追及とは、どんなに品揃えが豊富であっても価格が高ければ消費者は購買しない。同社は商品の販売方法にセラー・セントラルとベンダー・セントラルという2つの方法を用いている。セラー・セントラルとは、出店事業者が自ら同社のサイトを利用しつつも自身で販売するものである。一方で、ベンダー・セントラルとは、卸売業者が amazon に商品の価格設定及び広告を委託し、amazon の商品として販売する方法である。卸売業者は、サイトを運営する amazon が販売することで、同社の所有する莫大な情報を基盤とするマーケティングが活用され、更には商品の信頼が増し、売上を伸ばすことが可能となる。同社は、これらのメリットを付与する代わりに、卸価格の値引きを引き出すのである。

　③先鋭的な物流システムとは、同社はフルフィルメント・センター（Full Fillment Center）という独自の配送センターを有しており、自動ライン化されており 24 時間体制で稼働している。また、実際の輸送に関しては、外部の

物流会社を使用し効率的な物流システムを構築している。この効率的な物流システムを有していることから、Amazon Prime という特別会員に対しては、Prime now という取扱商品及び生鮮食品（2019 年食品スーパー大手のライフ・コーポレーション社と提携）し、配送可能エリアの 1 時間以内の配送を行うサービスを提供し、顧客から多くの支持を集めている。この効率的な配送システムの成果は単に消費者の獲得に留まらない。出店する他の事業者に対し FBA（フィルメント・バイ・アマゾン）という同社の効率的な配送システムを利用するサービスを提供している。他の出店事業者にとって負担となる配送業務を同社が代替することで、他の事業者の出店を促し、品揃えの充実を促す効果を生み出している。

　また、楽天市場を運営する楽天は、amazon と同じくプラットフォーマーであるが、そのビジネス・モデルは大きく異なる。同社は、主に楽天市場というデジタル上のモール（商店街）を作成し、基本的には自身では販売に注力することなく出店する事業者に対し出店料と販売手数料を受け取るというビジネス・モデルをメインにしている。その理由は、カード事業、オンライン証券事業などを並行して事業展開し、ポイントを付与することで消費者の囲い込み戦略（楽天経済圏ともいわれる）に重点を置いているからである。

　また、e コマースにおける急速に発展するプラットフォーマーに対抗するように、既存の流通業態も e コマースに参入しつつある。その代表的な方法が、既存の店舗を有するメリットを生かすことで優位性の構築を目指すオムニ・チャネル（Omni Channel）という戦略である。オムニ・チャネルとは実際の店舗とネット上の店舗の融合を図る戦略で、顧客一人に適したサービスを提供することである。具体的な方法として、リアル店舗とネット上の店舗の在庫管理を一元化、ネット上の店舗で注文された商品を受け取るといった手法があげられる。オムニ・チャネルを採用する代表的なものは、セブン＆アイ・ホールディングスによるオムニ 7 と、無印良品による MUJI passport などがある。オムニ 7 では、コンビニエンス・ストアのセブン・イレブン、総合スーパーマーケットのイトーヨーカ堂、デパートメント・ストアの西武・そごうなどを、共通のサイトで利用することができ、注文した商品を最寄りのセブン・イレブンで受け取ることが可能とするサービスである。ま

た、同時に共通のポイント制度を設けることで顧客を一元管理することで効率性を追求している。また、無印良品が提供する MUJI passport はリアルな店舗とネット上の店舗における商品情報をリンクすることで、店舗ごとの在庫情報を顧客に提供し、利便性を高めている。一方で、プラットフォーマーによるオムニ・チャネルへの参入が行われつつある。先述の amazon は米国で 2017 年に高級スーパーマーケットの Whole Foods を買収し、更には Amazon Go という食料品店を開業し、ネットと実店舗の融合を積極的に行っている。

　ICT の発展は、小売業に大きな変化をもたらしただけではなく、製造業者のマーケティング・チャネル戦略にも大きな変化をもたらした。ICT が、消費者に情報へのアクセスを極端に容易にしたことで、製造業者は流通業者を経由して商品を販売しなくてはならないという制約から解放された。つまり、製造業者自身のサイトで自身の商品を販売する DtoC（Direct to Consumer：D2C と表記されることもある）という直接流通の形態を採用し、自身のマーケティング効率の最大化を図ることが可能となった。ICT の進歩によって取引の場がリアルな空間からデジタルの空間に移動しつつあることで、製造業者は自身のマーケティングに適合しない販売を行っている小売業（例えば、ブランド価値を下げる安売りを実行する電気量販店など）を経由した商品の提供に依存する必要がなくなったといえる。製造業者は流通業者を排除し自身のサイトで商品を販売することで、商品のブランド価値を下げる危険性を回避することができる。例えば、2019 年 NIKE は amazon において自身の商品が出店事業者によって不当に安く販売されていることに不満を表明し、amazon における自社商品の販売を取りやめ、自身のサイトでの販売に切り替えた。その理由は、自身のサイトで販売することで自身のブランドを保護することができ、且つ直接的に顧客とのリレーションシップを強化することが可能であると同社が判断したからである。

　しかし、多くの製造業者が今後このような DtoC というチャネルを採用するわけではない。DtoC を採用する製造業者は、消費者への販売機会よりも自身ブランド価値を重視する場合に限定される。ブランド価値を重要視する製造業者の商品は、既存の流通業やプラットフォーマーの EC モール等を利

用した場合、流通コストは削減され顧客との接点は増えるものの、逆に他の商品との比較や安売りといった自身のブランド価値を低下させる危険性に晒される。しかし、それとは逆に既存の流通業やプラットフォーマーの集客性に依拠することを望む製造業者も当然ながらこれまで通り多く存在し続けるからである。

　これまで、小売業の発展と特徴を概観してきた。ここで重要なことは新たな小売業態は常に時代に要請を基礎にして生まれてきているということである。つまり、人々の生活や社会が変化することで、流通の在り方もそれに適応しようと変化していくのである。

［引用参考文献］

石井淳蔵（1983）『流通におけるパワーと対立』千倉書房

石坂昭雄・壽永欣三郎・諸田實・山下幸夫（1980）『商業史』有斐閣

佐藤肇（1972）『流通産業革命』有斐閣選書

猿渡敏公（1999）『マーケティング論の基礎』中央経済社

白髭武（1978）『アメリカマーケティング発達史』中央経済社

田島義博・原田英生（編著）（1997）『ゼミナール流通入門』日本経済社

田村正紀（2008）『業態の盛衰』千倉書房

徳永豊（1992）『アメリカ流通業の歴史に学ぶ（第2版）』中央経済社

豊田武・児玉幸多（編）（1969）『流通史I』山川出版

林周二（1962）『流通革命』中央公論社

矢作敏行（1996）「コンビニエンス・ストア・システムの革新性」日本経済社

宮下正房（1989）『日本の商業流通』中央経済社

■ 第6章　経営診断 ■

6.1　はじめに

　経営診断は第2次世界大戦後、アメリカに次いで急速な発展を遂げてきた。そして、このような実践としての経営診断の発展にともなって、その理論的裏づけともなるべき経営診断に対する学問的研究が発展してきた。

　日本において、1968年に経営診断への学問的基礎づけを確立しようとする目的から日本経営診断学会が設立され、1968年に第1回の全国大会が明治大学で開催されてから今日まで多くの研究成果が発表されてきた。そして、多くの研究者たちによって発展してきた。

　本章は、「経営診断とは何か」ということの理解を図るように論を進めることとする。

6.2　「経営」「経営の仕組み」「診断」

　経営診断学は、一般に経営学の一領域として位置づけられている。ただし、後述するように診断学の一領域として位置づける論者もいる。この点については、後述することとする。

　経営学は、経営について学ぶ学問領域である。経営という用語は、組織を対象として使われる概念であり、組織のあるところには、経営がある。企業も組織の一種であり、大学や、官公庁、県や市のような自治体、病院、そしてスポーツのチーム等も全て組織であるといえる。

　経営診断学は、簡単にいえば、読んで字のごとく経営を診断することである。

　経営診断学について考える前に、「経営」、「経営の仕組み」、「診断」という

概念について考えることとする。

　まず、経営の概念についてであるが、一般的に、経営とは、人をして物事をうまく成し遂げることということができる。そのようなことから考えると経営学とは、物事をうまく成し遂げるような仕組みを探る学問領域であると言える。

　次に、経営の仕組みについてであるが、人をして物事をうまく成し遂げるためには、後述するように長期的な設計図でもある戦略をきちんと立て、そして、組織を作って、人をうまく動かすという仕組みを作らなければならない。

　最後に「診断」についてであるが、1988年に学習研究社より刊行された『学研、国語大辞典』によれば、①医師が患者を診察してその病状を判断すること。②物事に欠陥があるかどうかを調べて、先行きを判断することと定義されている。

　以上のことから考えて簡潔に述べれば、「経営診断とは、組織の経営がうまくいくように診断すること」であると考えられる。経営診断の概念については、後述することとする。

6.3 「経営診断の必要性」について

　経営診断とは、組織の経営がうまくいくように診断することであると述べたが、言葉を換えれば、ビジネス（事業）がうまくいくように診断するということができる。

　ところで、事業、つまり、ビジネス（Business）とは、ここでは、単純に「仕事」という意味に解することとする。ビジネスというと企業がビジネスを行っていると思われるが、実は、学校教育に関与している者、官庁の役人、作家、公認会計士、税理士、医者といった職業も、すべてビジネスを行っている。

　特に企業は、存続発展するために、①資金を集め、②集めた資金を投資し、③利益を上げるという3つの活動を行っている。

　それを踏まえて考えると企業がビジネスを行う時に、基本的に次のような

ことを考えなければならない。

第1に、ビジネスは、ゴーイング・コンサーン（going concern）といわれる継続事業体として、継続しなければならないということである。

第2に、事業として成立するためには、利益＝売上－費用という数式をきちんと頭に入れて、利益が確保されなければなければならないということである。

第3に、利益だけではなく、現金の確保を常に意識しなければならないということである。つまりキャッシュフロー（現金収支）を考えなければならないということである。

倒産とは、会計上の利益が黒字であるかどうかは直接関係がなく、支払義務があるにもかかわらず資金繰りができなくなりその義務に応じられなくなることである。その点からも、現金の確保を意識しなければならない。

以上のことから、企業の第1は、存続することであり、そのために戦略をきちんと立て、そして組織を作って、人をうまく動かすという経営の仕組みがうまく機能しているかどうかが、重要な点であり、そのことを診断するために経営診断が必要となる。

6.4　「経営診断の概念」について

では、経営診断の概念について、述べることとする。今日、経営診断学は、多くの研究者たちによって発展してきた。日本において経営診断学を提唱した最初の学者に平井泰太郎がいる。まず、日本における経営診断学の源流を平井泰太郎に求め、経営診断の概念について論じることとする。

6.4.1　平井泰太郎の経営診断学について

1960 年に青林書院より弟子の清水晶との編著である『経営診断』によると次のように平井泰太郎の経営診断学は、説明できる。

平井泰太郎は、経営学の性格を「経営学者学」「経営者学」「経営診断学」の三つの観点に分け、その一つに経営診断学を位置づけた。経営学者学とは、「諸経営の生態、構造、および諸経営間の経営機構を究明する理論および政策

としての経営学である」と述べ、経営学者学とは「現場を担当する経営者の知識および教養としての経営者学である。その性格は、他の表現を用うれば、経営管理学と称することもできる。経営学の教える理論および政策の現場における適用あるいは応用を目途する。経営方法、換言すれば管理・運営方法の学である」と述べている。最後に経営診断学とは、「これを比喩的に例証すれば、医学の領域において、これに先行する生理学、化学、物理学等の一般科学を前提として、病理学などの一般基礎理論を生じ、現場の学問として臨床医学あるいは診断学の領域が重要なるものとして発展しておる。いうまでもなく、医学において診断学（diagnosis、Diagnostic）という呼称が成立しておるのである。また、経営学の一部と考えることができるのであるが、会計学の領域において、一般会計理論より進んで、原価計算、経営分析および比較、管理会計、予算統制等の専門部門の発達がある。これとともに他方、監査理論、監査技術、その面よりするコントローラ学があるようなものである」と述べ、経営診断学は、医学における臨床医学と同列としている。また、「場所と、業界と、関係者の如何とによって、移り行く姿。Modify せられる姿、それこそ個別性と特殊性と歴史性とを考慮しつつ、適用と応用とを考えなければならぬのである」と述べ、経営診断においては、個別性、特殊性、歴史性を考慮する事の重要性を指摘した。

6.4.2 「経営診断」か「企業診断」か

次に、「経営診断なのか」「企業診断なのかを」を明らかにしたいと考える。先にも述べたように、経営という用語は、組織を対象として使われる概念であり、組織のあるところには、経営がある。企業も組織の一種であり、大学や、官公庁、県や市のような自治体、病院、そしてスポーツのチーム等も全て組織であるといえる。経営診断学は、簡単にいえば、読んで字のごとく経営を診断することである。

以上のように、「経営診断」ということで論を進めていくことにする。

6.4.3 「経営診断」と「経営分析」について

多くの人たちは、経営分析が診断の中心的な課題であり、作業であると考

えているように思われる。財務諸表の数字をもってする経営分析は、診断企業の経営実態を客観的に把握する上で極めて有効な手段であるには違いないが、それによって把握されたところが、必ずしもその診断企業の経営実態を全て浮き彫りにしているわけではない。経営診断は、非計数的診断も随所に発揮されなければならず、経営分析よりも広い領域概念である。先に述べたように平井泰太郎が経営診断においては、個別性、特殊性、歴史性を考慮する事の重要性を指摘しているが、経営分析からの計数分析による全体性や平均性からは、経営実態を把握できないのである。そのようなことから経営診断を行ううえでの手法として経営分析を考えることとする。

6.4.4　「経営学の領域か」「診断学の領域か」

経営診断学は、経営学の一領域のように考えられているように思われる。三上富三郎は、1986年に同友館より刊行された『現代経営診断論』において、経営診断学と経営学について、経営学の一つの領域として位置づけられる限りでは経営学の概念の適用される対象の全範囲である外延的存在であって、独自の学問として確立することは困難であるとし、経営診断学は、診断学に源を発する診断の論理（diagnosis）に立脚して展開され、経営学に源を発する診断の論理の上に展開されるものではなく、診断学の領域であるとした。また、刀根武晴も1997年発行の『日本経営診断学会年報』第29集において、経営診断学は、経営学の研究領域に位置づけるのではなく、診断学に研究上の原理をおき、診断の論理に立脚して展開されなければならない学問的特性を有しているとし、診断学の領域とした。

本章は、経営診断学は、診断学に源を発する診断の論理（diagnosis）に立脚して展開されものとすることが妥当と考え、論を展開することとする。

6.4.5　「経営診断の概念」について

先に、「経営診断とは、組織の経営がうまくいくように診断すること」であると述べたが、経営診断概念について、その特性を次のようにまとめることができると考える。

① 経営という用語は、組織を対象として使われる概念であり、組織のあるところには、経営がある。経営診断学は、簡単にいえば、読んで字のごとく経営を診断することであり、企業診断ではなく、「経営診断」として規定する。

② 経営診断は、ゴーイングコンサーンを前提として、組織の経営がうまくいくように、マネジメント・コンサルタントが主体となって行う。

③ そのために、経営及び経営活動を計数的・非計数的に分析し、総合的に経営の評価を行うとともに、経営上の欠陥を発見し、改善の勧告ならびに指導を行なう。

④ 経営診断においては、個別性、特殊性、歴史性を考慮する事が重要である。

6.5　経営診断原則と経営診断倫理

6.5.1　経営診断原則

三上富三郎が、1992年に同友館より刊行した『新版　現代経営診断論』によれば、経営診断原則とは、経営診断の実践者が、依拠すべき一般的な法則であり、診断原則は、全経営診断を貫くプリンシプルであり、診断原則には少なくとも次の13の原則をあげることができるとしている（pp.25～26）。

(1)　分析比較の原則

経営診断には、従来開発された経営分析、経営比較の手法を全面的に活用するのみならず心理的・行動科学的分析の手法（主として非計数的分析）もさらに適用されなければならない。

(2)　問題明確化の原則

漠然たる経営診断は経営診断としては非効率的である。必ず、問題点を明確化し、その問題解決に焦点を絞る形の経営診断、いわば一般のプロジェクト診断に近い経営診断のあり方が必要である。

(3)　継続性の原則

経営はゴーイング・コンサーンであることから「過去➡現在➡未来」という継続体としての経営を捉える診断でなければならない。

⑷　**全体性の原則**

経営はシステムとしての有機的関連をもつ全体（a whole）であるから、経営診断においても、つねに、この "a whole" として診断する態度が要請される。販売診断とか労務診断といった部分診断はあるが、その場合でもつねに全体との関連を度外視してはならないということである。

⑸　**均衡性の原則**

経営体は人体と同じく微妙な諸機関、諸機能、諸活動のバランスである。この意味で、「経営診断はバランスの診断である」といってよいくらいで、要するに均衡性をきわめて重要視しなければならないということである。

⑹　**個別性・特殊性・歴史性の原則**

人体が百人百様、体質や病状がすべて異なると同様に、経営もそれぞれ個別性、特殊性、そして歴史性をもっている。このような経営を診断する経営診断において、一般論、抽象論を振り回すことは許されない。それぞれの個別性、特殊性、歴史性に合致する経営診断でなくては意味をなさない。

⑺　**未来志向性の原則**

経営診断は、経営の過去・現在の分析を行うが、その分析は将来かくあるべきだという勧告に対する基礎データを提出するわけであるから、本来的に未来志向的である。したがって、未来志向を欠く経営診断は、もはや経営診断とはいえないのである。

⑻　**診断費用・効果対応の原則**

経営診断は本来、外部のコンサルタントによって行われるのが本則である。そこには当然費用が伴う。依頼企業としては、投入する費用に十分に見合う診断成果を期待するわけであるから、コンサルタントとしても、この意味の費用・効果対応についての責を果さなければならない。

⑼　**勧告・指導の原則**

経営分析や経営評価は、分析ないし評価で終了するが、診断は勧告が伴い、さらには指導も伴っていく。そこで、勧告、指導のあり方についての研究がなされなければならない。

⑽　**中立性・局外性の原則**

経営診断が経営そのものと本質的に異なる点が、この中立性、局外性の問

題である。中立性、局外性は部内性と対立して考えることができる。部内性において解決不可能な問題解決が中立性、局外性において可能である。しかし、また反面に中立性、局外性なるが故における調査、分析の限界のあることも知らなければならない。

⑾　**診断システム化の原則**

経営診断もシステム化されることが要請せられる。

⑿　**生態学的接近の原則**

経営診断においては、エコロジカル・アプローチ（ecological approach）が重要である。企業の利潤志向へ一辺倒に奉仕することなく、企業をとりまく環境（消費者や自然も含めて）との間の調和的利益、調和的発展を志向する診断が要請せられる。

⒀　**診断員倫理の原則**

経営診断に従事するコンサルタントは、診断倫理の基盤に立って診断を行うことが必要です、たとえば、「診断者は診断によって知り得た企業の機密を、いかなることがあっても他に漏らしてはならない」ということは、診断倫理の一つである。この診断倫理の原則は、診断倫理規範としてさらに具体的に展開される。

6.5.2　経営診断倫理

三上富三郎の前述の 1992 年の著書によれば、経営診断倫理とは、中小企業診断士、コンサルタントとして、「なすべき」または「してはならない」という規範であり、遵守すべき規範である。そして、「診断者倫理規範」として次の規範を提示した（pp.27〜29）。

（1）　**受託判定の規範**

依頼があればどんな企業でも受託するという態度は、良くなく、営業内容が明らかに公序良俗に反している企業とか、受託時に明らかに重大な違法行為をやっている企業、さらに受託時にコンサルテーションの効果が期待できないような企業については、受託すべきではなく、この場合には、受託拒否を行うのが建前である。

⑵ **能力限度受託の規範**

　受託依頼企業の規模、業種、診断目的などの点で、完全な診断を行う自信ないし能力がないと考えた場合は受託を辞退すべきである。ただし、この場合、自分一人では能力はないが、他のコンサルタントと共同して診断チームをつくれば十分な能力があると判断した時は、適当なチームを編成することによって受託を行うべきである。

⑶ **同時競合診断禁止の規範**

　明らかに競争関係にある同業2社の診断も同時に行うことは自粛すべきである。少なくとも同時に競争関係の2社の診断に従事することは、たとえ機密保持を厳格にやるとしても、いろいろのトラブルが発生しやすいことから、自粛するのが望ましいと考える。

⑷ **自主性確保の規範**

　コンサルタントは全診断過程を通じて、コンサルタントとしての自主性を確保し、貫かねばならない。つまり、診断および勧告において、いたずらに企業側の要求に屈服したり、企業の特定の人に迎合したり、またエコロジカルの観点において環境との調和的利益の達成を無視したりするような行為があってはならないということである。

⑸ **清潔性の規範**

　経営診断においては、時として経営者や管理者のプライバシーの領域にまで立ち入って勧告しなければならない。ということで清廉性が必要となる。

⑹ **違法幇助（ほうじょ）禁止の規範**

　コンサルタントは、受診企業における違法行為を幇助するごとき勧告や指導をしてはならないということである。

⑺ **機密保持の規範**

　コンサルタントは診断によって知りえた企業の機密は、いかなることがあっても他に漏らしてはならない。もし、この規範がなければ、いかなる企業も安心して経営診断を受けることができないと考える。ただし、研究ないし教育上の目的で発表する場合、受診企業の承諾を得た時はこの限りではない。

⑻　**受診企業利用禁止の規範**

コンサルタントは受診企業に対し、診断者の立場を利用して、自己の利益のために受診企業を利用するようないかなる行為もしてはならない。

⑼　**適正報酬の規範**

診断は、適正報酬で行うべきことということである。

⑽　**責任勧告の規範**

診断の勧告は受診企業の利益のために実情に即した創造的な、責任ある勧告をなすべきである。

⑾　**誹謗禁止の規範**

コンサルタントは、自己宣伝、自己誇示のために他を誹謗するごとき言動を行ってはならない。

⑿　**自己啓発の規範**

経営管理も技術も日進月歩です。その経営を診断し指導する立場にあるコンサルタントが常に自己啓発、自己研修の努力を行うべきことは必要である。

6.6　基本的な経営診断各論

先に経営の仕組みとは、人をして物事をうまく成し遂げるために、長期的な設計図でもある戦略をきちんと立て、そして、組織を作って、人をうまく動かす仕組みであると述べたが、経営診断においては、その経営の仕組みを診断することである。具体的に、経営者診断、戦略診断、財務診断、組織診断、人的資源管理診断、技術・生産診断、マーケティング診断、ロジシティックス診断、情報資源管理診断などに分けられる。ここでは、経営者診断、戦略診断、組織診断、マーケティング診断、財務診断について取り上げることとする。

6.6.1　経営者診断

経営者要因が企業の盛衰にどのように左右するかは、定性的分析であるために難しい。三上富三郎は、1978 年に日本マンパワーから発行された『商業診断事例研究』において、経営者診断の着眼点として、次の三点をあげてい

る（p.46）。

① 経営者が行うべき本来の経営職能と中間管理者の行なう管理職能や末端の段階で行なう作業職能と混同していないか。

② 権限委譲と関連して適切な権限の委譲を行いながらも、トップがみずから保持すべき最終的権限（経営権）は自身で保持しているか。

③ 経営職能と関連するリーダーシップの保持、発揮は十分であるか。

以上であるが、経営者の評価には、①経営理念、社是、経営戦略、経営計画等を含む経営方針、②組織、執行、運営等の経営職能、③人間性、専門性、社会性、創造性、国際性などの基本的資質、④リーダーシップなどが不可欠である。

6.6.2　戦略診断

これまで「ビジネス（事業）は継続しなければならない」ということを述べてきた。そのためには、まず、戦略を立てるということが重要になってくる。

では、これから「戦略とは何か」について、考えることとする。

まず、1994 年に学文社から刊行された藤芳誠一監修『経営学用語辞典』ではどのように述べられているのかを見てみることとする（p.184）。

> 「企業は『戦略』ならびにその下位概念としての『戦術』を以って経営環境の変化に対応しており、前者は企業の将来のあり方を示す指針として位置づけられ、それを実践するために適時、環境情勢の変化に遅れることなく適応していくためにさまざまな具体的対処を施すのであり、これこそが戦術に他ならない」

つまり、次のようにまとめられる。

戦略（strategy）～企業の将来のあり方を示す指針

戦術（tactics）　～具体的対処

　本章では、次に紹介する伊丹敬之の戦略概念を基本として、「戦略とは何か」ということを考えることとする。

　伊丹敬之は、2003年に日本経済新聞社より刊行された『経営戦略の論理（第3版）において、戦略を次のように定義している（p.2）。

　　「市場の中の組織としての活動の長期的な基本設計図」

　ここで設計するということは、「こうなりたい」という意図や夢を込めた構想をすることを意味し、戦略はたんなる予測であってはならなく、あるいは、現状延長の成り行きの構図でもまずく、「こうなりたい」という意志や構想、そしてそうなるためのシナリオ、その両方がそろってはじめて設計図となると述べている。

　本章においては、伊丹敬之の考え方を基本として、戦略というものをこのように考えることとする。

　　「戦略（strategy）とは、組織の将来のあり方を示す指針となる長期的な基本設計図であり、将来のありたい姿とそこへ至るためのシナリオ作りからなるものである。」

　さて、戦略の話をする前に、下記の事業部制組織を使って、企業の階層性について説明することとする。事業部制組織は、現在、ある規模の企業がほとんど採用されている組織形態である。図で示すと下記のようになる。

　最上段の社長から事業部までを「企業レベル」と考え。真ん中に記されている事業部を「事業レベル」と考え、最下段に記されている研究開発、製造、販売を、「機能レベル」と考える。このように事業部制を採用している企業は、この三つのレベルで構成されている。

　では、この3つのレベルと経営戦略の関係について、説明することとする。最上位の階層に位置する(1)企業レベルでの戦略を「企業戦略」と言い、全社戦略とも呼ばれることもある。次に真ん中の階層に位置する、(2)事業レベルでの戦略を「事業戦略」と言い、競争戦略と呼ばれることもある。(3)最後に、

図 6-1 事業部制組織

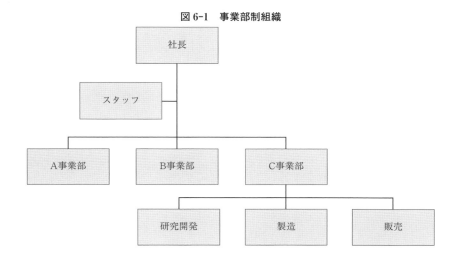

機能レベルで戦略を「機能戦略」と言い、職能戦略と呼ばれることもある。
それぞれ説明すると次のようになる。

（1） **企業戦略**

簡単に言えば、「どこで戦うか？」ということである。経営戦略の階層構造
の中で最も上位に位置し、企業が全体として将来的に継続して利益を獲得
し、存続・成長していくという目的を持った全社的レベルの戦略で、その主
たる内容として、企業が活動すべき事業領域を選択すること、また活動を通
じて獲得すべき経営諸資源（ヒト、モノ、カネ、および情報）を明確にするこ
とである。具体的には、ドメインの決定と経営資源の展開、多角化などを中
心の課題にする。

（2） **事業戦略**

簡単に言えば、「いかに戦うか？」ということです。事業部あるいは戦略的
事業単位（SBU）が担当している事業、すなわち、特定の産業ないし市場分
野でいかに競争するかということが焦点となり、競争企業との対抗関係が最
も重要な問題となっている。そこで、一般に競争戦略と呼ばれている。当該
分野での競争を中心課題とする。

(3)　機能戦略

簡単に言えば、「どの機能分野で戦うか？」ということである。企業は、それぞれの機能においてさまざまな目的を持っている。機能戦略の主たる内容としては、機能別の経営諸資源の利用ないし蓄積の方法と、その資源を企業戦略および事業戦略に結びつける方法である。企業の購買・技術・製造・販売・経理財務・人事といった諸機能分野別の戦略である。シナジーと経営資源の展開が中心の課題となる。

以上であるが、それをまとめると次のようになる。
・企業レベル⇒企業戦略（全社戦略）
　　　　　どこで戦うか？
・事業レベル⇒事業戦略（競争戦略）
　　　　　いかに戦うか？
・機能レベル⇒機能戦略（職能戦略）
　　　　　どの機能分野で戦うか？

経営戦略を構成する要素として、(1)ドメイン、(2)資源展開、(3)シナジー、(4)競争優位、の4つがある。実務的には、事業領域であるドメインをもとに自社資源を配分することによって、シナジーと競争優位を生むことができる。では、この4つについて説明することとする。その中でも特にドメインについて、少し詳しく説明することとする。

(1)　ドメイン

これは、組織の生存領域であり、戦略策定の出発点となるもので、自社の事業展開の範囲をどのように定義するかということであり、その定義によって競争の基本方針が変わる。つまり、そのドメインの決定がドメイン戦略である。

セオドア・レビットは、1960年に発表した「マーケティング近視眼（marketing myopia）」というタイトルの有名な古典的論文において、ドメインの重要性について次のように説いている（訳書 pp.76〜114）。

どの主要な産業も、かつては成長産業であったが、今日、成長の波にのっ

ているいくつかの企業はまさに没落の影のもとにあるのであり、長い間成長してきた産業と考えられている他のいくつかは実際に成長をストップしてしまった。その失敗は、マネジメントの失敗にあった。そして、レビットは、いくつかの産業の衰退について例示した。鉄道事業についての例では、鉄道会社自身が、自社の事業を輸送事業ではなく、鉄道事業と考えていたために、社会の変化に対応できなかったことが、本質的な理由であり、鉄道会社がドメインを誤った原因は、輸送を目的と考えずに鉄道を目的と考えたからであった。もう一つの例として、映画会社をあげ、映画を製作することがドメインではなく、エンタテイメント産業（娯楽産業）と考えるべきだった。つまり、致命的な失敗は、近視性（マイオピア）が原因となって困難に直面したということであった。顧客志向ではなく、製品志向であったということが、原因であり、産業活動は、顧客を満足させるプロセスであって、製品を生産するプロセスではないという見方をすべてのビジネスパースンが理解することは重要である。

　以上が、レビットが論じたことであった。ドメインを定義するときの典型的な問いは、「われわれは今どのような事業をおこなっており、今後どのような事業を行なおうとしているのか」といったものであり、この問いでは、現在の事業領域を加えて、事業展開の方向や潜在性に注意をしながら、今後目指すべき領域や範囲が問われている。物理的定義ではなく、機能的定義で定義すべきである。物理的定義は範囲や領域が狭く、将来の方向性がはっきりしないのに対し、機能的定義は変化の方向性や発展の道筋を示唆している。

　以上の話をまとめると次のようになる。

図 6-2　製品志向と顧客志向

	【製品志向】（物理的定義）	【顧客志向】（機能的定義）
鉄道	鉄道業	輸送業
映画（ハリウッド）	映画産業	娯楽産業

　企業は、環境変化に適応させながらドメインを変えていかなければならないが、ドメインの変化は経営側の意図だけでは定着し機能しない難しさがあ

る。そこでドメイン・コンセンサスという考え方が必要となってくる。ドメイン・コンセンサスとは、ドメインについての共通認識であるといえる。

さらに、エーベル（Abell）が 1980 年刊行した著書によれば、「顧客層」（Who）「顧客機能」（What）「代替技術」（How）の 3 次元で事業を定義できるとした。つまり、「どのような顧客」（顧客層）の「どのようなニーズ」（顧客機能）に向けて「どのような技術」（代替技術）で製品を提供するのかということである。簡単にいえば、誰に対して（Who）、何を（What）、どのように（How）ということである。

(2)　資源展開

企業の経営にとって必要な要素のことを経営資源と呼ぶ。一般に、大雑把に分けるとヒト、モノ、カネという 3 種類の基礎的な経営資源がある。この 3 つの要素は、どのような企業を経営するにあたっても絶対に欠かすことのできない基礎的な経営資源である。これらの基本的経営資源以外にも情報・知識や企業文化、技術などの要素が必要で、それらを適度に組み合わせながら企業は、経営されている。

(3)　シナジー

1 + 1 = 3 となるような効果であり、同一の資源を投入すれば、より大きな成果を期待でき、それゆえにシナジー効果は新たな事業展開の根拠を与える。長期的にどのようなシナジー効果が得られ、組織能力になるかが大切である。

(4)　競争優位

競争において、自社の競合企業または競合企業の製品よりも優位に立っている状態をいう。競争優位は企業の中長期的な収益の源泉である。

以上、戦略の森全体を説明したが、戦略診断を行なうにあたって、まず森全体を把握することが重要であると考える。

6.6.3　組織診断

戦略診断について述べたが、次に、組織診断について述べることにする。戦略と組織の関係については、次のように述べられる。

　アルフレッド・D・チャンドラーは、1962年に刊行した著書において、ジュポン、ジェネラル・モーターズ、スタンダード石油、シアーズ・ローバックなどを分析した結果、次のように述べている（訳書 p.30）。

　　　「組織は戦略に従ってつくられるということ、および、もっとも複雑な組織は、いくつかの基本的な戦略の結合から生まれるということである。」

　一般的にこのチャンドラーの言葉は、「組織は戦略に従う（Structure follows strategy）」ということで有名な言葉になっている。そこで、戦略をきちんと立て、そして組織を作って、人をうまく動かすということになる。

　企業、大学、病院、政府、労働組合などがすべて「組織」であるという場合、「組織」とこれらに共通するある側面を意味している。企業、大学、病院その他は、厳密には「協働体系（cooperative system）」という。バーナードが、1938年に刊行した著書によれば、協働体系とは、「少なくともひとつの明確な目的のために、2人以上の人々が協働することによって、特殊な体系関係にある物的、生物的、個人的、社会的構成要素の複合体」というように定義される（訳書 p.69）。そして、バーナードは、組織について「2人以上の人間の意識的に調整された活動や諸力の一体系」と定義している（訳書 p.84）。

　また、バーナードは、組織の基本要素として、(1)コミュニケーション（communication）、(2)貢献意欲（willingness to serve）、(3)共通目的（common purpose）の三点をあげている。つまり、組織は、(1)互いに意見を伝達できる人々がおり、(2)それらの人は行為を貢献しようとする意欲をもって、(3)共通目的の達成をめざすときに、成立する。組織が形成されるのは、人間がもつ能力の限界を克服して、自分の目的を達成しようとする時であり、人間は能力的に制約されていることが前提となる。

　組織が形成されると、次にその組織を維持・存続させることが重要な課題となる。そのために診断的見地よりする組織の適否についての分析的検討が必要である。つまり、組織診断である。三上富三郎は、前述の1992年に刊行した著書において、経営組織の診断にあたって、次のようなチェックリストを提示した（pp.85～87）。

① 経営組織は経営規模とマッチしているか。

② 職務分析の上に機能を中心とする組織になっているか。

③ 組織構成員に職務の重複、空白（エアポケット）、甚だしい軽重がないか。

④ 環境変化に対応する適度に弾力的な組織であるか。

⑤ 権限委譲が適切に行われ、かつ権限と責任とがマッチしているか。

⑥ 統制範囲の原則を逸脱するような組織になっていないか。

⑦ 成文的権限が確立され、職務規程の形で文書で整備されているか。

⑧ ラインとスタッフの均衡がとれ、直間比率が適正であるか。

⑨ 管理者の能力と適材適所配置が考慮されているか。

⑩ トップ・マネジメント組織において、特に取締役会の構成メンバー中の社外取締役の機能と人選が適切であるか。

⑪ 社内人間関係が考慮されているか。

⑫ 内部牽制（internal check）のシステムがとり入れられているか。

⑬ 幹部会議、各種委員会を設置する場合、その効果的運用とシステムについて十分な見通しがなされているか。

⑭ ゼネラル・スタッフの部門（企画室のごとき）を設置する場合は、このゼネラル・スタッフと各部門との間の調整と、ゼネラル・スタッフの活用についての方法が確立されているか（経営組織の中でゼネラル・スタッフが浮き上がってしまってはいけない）

⑮ 事務機械化と組織との関連が十分に検討され、配慮されているか。

⑯ 設備改善計画と組織との関連が考えられているか。

⑰ 販売と仕入および商品管理を別個の部門として独立せしむることの可否が十分に研究されたか。

⑱ 販売部門の組織において、商品別に分けるか、販売先別に分けるか、または地域別に分けるかの損失について十分な検討がなされたか。

⑲ 信用管理についての営業部門と経理部門との間の調整が考慮されているか。

⑳ 従業員移動率の調査やモラール・サーベイなどによって、経営組織の対内的均衡が保たれているかどうかについて検討されているか。

6.6.4　マーケティング診断

「経営を行う」というと少し難しい表現になってしまうので、簡単に「商売を行う」という表現で、説明することとする。商売を行う上で重要なのは、商売を永遠に存続・発展させることである。つまり、「店をつぶさない」ことである。後述するように、商売を行う上でマーケティングは重要な役割を果たしている。

　先ほど商売を行う上で重要なのは、商売を永遠に存続・発展させることと述べたが、「商売の基本」についてイトーヨーカ堂のほぼ創業者である伊藤雅俊氏は、2003 年 4 月 1 日の日本経済新聞朝刊の「私の履歴書」において、次のように述べている。

> 「二十歳で家業に加わった私は商人の鑑である母と兄に商人の道、人の道を教えられ、多くの方々に助けられて今日がある。八十年近い人生で身に染みついた思いは日々新たに確信の度を増している。それは、お客様は来て下さらないもの、お取引先は売って下さらないもの、銀行は貸して下さらないもの、という商売の基本である。」

　この中でマーケティングにとって重要になるのは「お客様は来てくださらないもの」という考え方である。なぜ、お客様は来てくださらないのであろうか。それは、お客様は、自分の思うようにならない人間だからこそお客様は来て下さらないものなのであると考える。子供の頃、太陽と北風が旅人のマントを脱がす競争の話を聞いたことがあるが、北風は自慢の風で旅人のマントを脱がそうとしたが結局脱がせられず、太陽があたれば暑くなり旅人は自然にマントを脱ぐという話である。まさにマーケティングとはこのようなことであると考える。「メーカーであれば、どうしたら太陽があたれば自然と旅人がマントを脱ぐように自然と自分の企業の製品を買ってくれるか、小売業であれば、どうしたら自分の店に自然に来てくれるかというまさにマーケティングとは売れる仕組み作りである」といえる。

　マーケティングとは、簡単にいえば「売れる仕組み作り」である。商売を行う上で、重要な売上の部分を担っている。売上の計算式は、【売上 = 客数×

客単価】であることから、マーケティングは、具体的に、「どのように客数を上げるか」「どのように客単価を上げるか」の仕組みを考えるものであるといえる。

　そして、マーケティングを行う上で、いつも頭に入れておかなければいけないことは、「お客様は来てくださらないもの」ということである。

　マーケティングにおいて、場を読むことと差別化を図ることが重要なポイントであるが、顧客全般ではなく顧客層を細分化し（セグメンテーション）、そこから対象となる層を決め（ターゲティング）、その自らのポジションを定める（ポジショニング）という方法が、重要である。それは、Segmentation、Targeting、Positioning の頭文字をとり、STP と呼ばれる手法である。基本的には、「誰に対して」（who）、「何を」（What）、「どのように」（How）である。これが、マーケティングの基本枠組みとなる。それをまとめると以下の通りとなる。

(1)　誰に対して➡標的顧客→①市場細分化　　（Segmentation）→（場を読む）
　　　（who）　　　　　　　②ターゲティング（Targeting）　↗
(2)　何を　　　　➡提供価値↘
　　　（what）　　　　　　　③ポジショニング（Positioning）→（差別化を図る）
(3)　どのように➡提供方法↗
　　　（How）

以上である。標的市場が選定され、ポジショニングが終われば、次に具体的に、当初のマーケティング目標を達成するためには何をすれば良いのかということが課題となる。つまりマーケティング・ミックスの策定である。マーケティング・ミックスとは、マーケティング目標を達成するために、マーケティングの活動領域である製品（Product）、価格（Price）、チャネル（Place）、プロモーション（Promotion）の組み合わせを意味します。料理に喩えれば、様々な材料がお互いに絡みあいながら料理全体がおいしくなるように、マーケティング・ミックスの諸要素である４Ｐ（製品、価格、チャネル、プロモーション）も相乗効果を発揮するように組み合わされなければならない。

　そのようなことで、標的市場の選定とマーケティング・ミックスの策定が
マーケティングの中心課題となる。

6.6.5　財務診断

　財務診断は資金の調達と運用にかかわる診断を目的としている。財務診断
の方法には比率法と実数法がある。本稿においては、収益性、流動性・安全
性、成長性の観点から比率法について解説することとする。

　石内孔治他が、2015年に同友館より刊行された日本経営診断学会編『経営
診断の体系』「第3章　財務診断」によれば、財務診断のポイントと指標につ
いては以下のとおりである（pp.81～123）。

(1)　収益性診断

ポイントは次の3点である。

① 「資本（資産）利益率」、「売上高利益率」、「資本回転率（または資産回転
　 率)」の3つで構成されている。

② 「資本利益率」は総資本利益率、経営資本利益率、自己資本利益率、払
　 込資本利益率などで構成されている。

　 「売上高利益率」は売上高総利益率、売上高営業利益率、売上高経常利
　 益率、売上高純利益率などで構成されている。

　 「資本回転率（または資産回転率)」は、売掛債権回転率、棚卸資産回転
　 率、固定資産回転率などで構成されている。

③ 資本（資産）利益率が、売上高利益率と資本（資産）回転率の積である。

　　収益性診断のための主な指標は次の通りである。

$$総資本利益率 = (経常利益 ÷ 総資本) × 100\%$$
$$経営資本利益率 = (営業利益 ÷ 経営資本) × 100\%$$
$$自己資本利益率 = (純利益 ÷ 自己資本) × 100\%$$
$$経営資本回転率 = (売上高 ÷ 経営資本) × 100\%$$
$$売上債権回転率 = (売上高 ÷ 売上債権) × 100\%$$
$$売上債権回転期間 = (売上債権 ÷ 売上高) × 365$$

棚卸資産回転率 ＝ (売上高 ÷ 棚卸資産) × 100％

棚卸資産回転期間 ＝ (棚卸資産 ÷ 売上高) × 365

固定資産回転率 ＝ (売上高 ÷ 固定資産) × 100％

売上高総利益率 ＝ (売上総利益 ÷ 売上高) × 100％

売上高営業利益率 ＝ (営業利益 ÷ 売上高) × 100％

売上高経常利益率 ＝ (経常利益 ÷ 売上高) × 100％

売上高純利益率 ＝ (純利益 ÷ 売上高) × 100％

⑵　**流動性・安全性診断**

ポイントは、次の 2 点である。

① 会計期間内の短期の支払能力を診断するための流動比率と、即座の支払能力を診断するための当座比率と、長期の支払能力を診断するための固定比率、固定長期適合率、自己資本比率などで実施される。

② 短期・即座の支払能力の診断結果と長期支払能力の診断結果をどのように総合して、支払能力の適否を読み取るかである。

　流動性・安全性診断のための主な指標は次のとおりである。

流動比率 ＝ (流動資産 ÷ 流動負債) × 100％

当座比率 ＝ (当座資産 ÷ 流動負債) × 100％

経営収支比率 ＝ (経常収入 ÷ 経常支出) × 100％

固定比率 ＝ (固定資産 ÷ 自己資本) × 100％

固定長期適合率 ＝ (固定資産 ÷ ((自己資本 ＋ 固定負債))) × 100％

自己資本比率 ＝ (自己資本 ÷ 総資本) × 100％

負債比率 ＝ (負債 ÷ 自己資本) × 100％

　＊固定比率及び固定長期適合率は、分子・分母の配置を逆にする算式も用いられる

⑶ 成長性診断

ポイントは次の2点である。

① 比率法に基づく成長性診断では、償還の必要がない純資産に着目して、財務基盤や財務構造の変化の状況を診断することである。

② 成長性診断の方法である純資産成長率については、経営活動の結果、当期純損失が生じた場合に、この当期純損失を純資産成長率の分母にどのように反映させるかである。

成長性診断のための主な指標は、次の通りである。

$$純資産成長比率 = (当期末純資産 \div ((当期末純資産 - 当期純利益)))$$
$$\times 100\%$$
$$売上高成長比率 = (当期売上高 \div 前期売上高) \times 100\%$$

6.7 おわりに

平井泰太郎が播いた「経営診断学」という種は、多くの研究者の手によって発展してきた。2000年以降、経営診断の対象領域が拡張してきているように思われる。従来の経営診断学の枠組みでは、カバーしきれなくなり、新たな経営診断学の確立に向かって新たな努力がなされてきている。

平井泰太郎が存命ならば、現在の現実に立っているわれわれに何を語っただろうか。最後に平井泰太郎が1932年に刊行された著書において記された次の言葉を紹介することとする。

「経営学は経済学の研究あるに、拘はらず、之と相並んで独自の研究方法を持ち、人間経済生活の向上と福利との為に、自信ある歩武堂々の歩みを、強く大地にふみしめつつあるのである。その完成の為には、尚将来に於て幾多の検討が行はれなければならないであろう。過去の研究は、尚幾多の再吟味を要求せられるであろう。新しき経済組織の進展と、新たなる社会関係に伴ふ新しき幾多の経済現象は、改めて其の本質が検討せられ解明せらるる必要があるであ

　ろう。何れにせよ、経営学は、之等を改めて採り上げ、新しき素材を新しき観点に立って再編成するであらう。斯くして新しき革嚢に新しき美酒をなみなみと注がれて、人間経済生活の幸福の為に寄與する處があるに相違いない」

　平井が存命ならば、新しき素材を新しき観点に立って、経営診断学を再編し、人間経済生活の幸福の為に寄与すべきであると述べたと考える。

［引用参考文献］

浅羽茂・牛島辰男（2010）『経営戦略をつかむ』有斐閣

石内孔治他「第3章　財務診断」日本経営診断学会（編）（2015）『経営診断の体系』同友館

伊丹敬之・青木康晴（2016）『現場が動き出す会計』日本経済新聞出版社

伊丹敬之（2003）『経営戦略の論理［第3版］』日本経済新聞社

加護野忠男（2010）『経営の精神』生産性出版

上林憲雄（他著）（2018）『経験から学ぶ　経営学入門［第2版］』有斐閣

上林憲雄、庭本佳子（編著）（2020）『経営組織入門』文眞堂

桑田耕太郎・田尾雅夫（2010）『組織論［補訂版］』有斐閣

合力栄「第1章3節　経営診断プロセス」日本経営診断学会（編）（1995）『現代経営診断事典』同友館

斉藤保昭（2015）「第1章2．主な先人の諸説」日本経営診断学会編『経営診断の歴史と制度』同友館

斉藤保昭（2015）『現代マーケティングの論理』成文堂

榊原清則（2013）『経営学入門（上）第2版』日本経済新聞出版社

坂下昭宜（2007）『経営学への招待（第3版）』白桃書房

『学研、国語大辞典』学習研究社（1988）

清水晶（1970）「経営診断の課題とあり方」『明大商学論叢』第53巻第2号

清水晶（1970）『経営能率の原理—テイラー理論への回帰—』同文館

鈴木竜太（2018）『経営組織論』東洋経済新報社

高尾義明（2020）『はじめての経営組織論』有斐閣

刀根武晴（1997）「経営診断学の本質規定条件の変質とパラダイムの変革」『日本経営診断学会年報』第29集

中橋国蔵・柴田伍一責任編集（2001）『経営戦略・組織辞典』東京経済情報出版

日本経営診断学会（編）（1994）『現代経営診断事典』同友館

日本経営診断学会（編）（2015）『経営診断の体系』同友館

日本経営診断学会（編）（2015）『経営診断の歴史と制度』同友館

日本経営診断学会（編）（2015）『経営診断の新展開』同友館

平井泰太郎・清水晶（1960）『経営診断』青林書院

平井泰太郎（1932）『経営学入門』千倉書房

藤芳誠一（監修）（1994）『経営学用語辞典』学文社

三上富三郎（1964）『新版　経営診断と販売店管理』ダイヤモンド社

三上富三郎（1978）「第5章　経営者・経営組織の診断」三上富三郎・桜井忠夫『商業診断事例研究』日本マンパワー

三上富三郎（1986）『現代経営診断論』同友館

三上富三郎（1992）『新版　現代経営診断論』同文館

三上富三郎（1994）『共生の経営診断』同友館

Abell. Derek F., *Defining the Business, The Starting Point of Strategic Planning*, Prentice-Hall, Inc. 1980.（エーベル（著）石井淳蔵（訳）（1984）『事業の定義―戦略計画策定の出発点』千倉書房）

Alfred D. Chandler, Jr., *Strategy and Structure, Chapters in the History of the Industorial Enterprise*, The M.I.T. Press, Cambridge, Masachusetts, 1962.（アルフレッド・D・チャンドラー（著）三菱経済研究所（訳）（1967）『経営戦略と組織―米国企業の事業部制成立史』実業の日本社）

Chester I. Barnard, The Function of the Executive, Harvard University press, 1938.（C.I.バーナード著・山本安次郎・田杉競・飯野春樹（1968）『新訳　経営者の役割』ダイヤモンド社）

Theodore Levitt, "marketing myopia" *Harvard Business Review*, July-August 1960. ハーバード・ビジネス・レビュー（編）（2017）『マーケティングの教科書』ダイヤモンド社

執筆者紹介（掲載順）

長谷川　博（はせがわ　ひろし）　千葉商科大学商経学部教授
　　第1章・第2章

斉藤　保昭（さいとう　やすあき）元淑徳大学コミュニティ政策学部
　　第3章・第6章　　　　　　　　教授（故人）

野木村忠度（のぎむら　ただのり）千葉商科大学商経学部准教授
　　第4章・第5章

流通・マーケティングの基礎

2021 年 3 月30日　初　版第 1 刷発行
2022 年 3 月30日　初　版第 2 刷発行

　　　　　　　　　　　長 谷 川　　　博
　　著　　者　　　　　斉 藤 保 昭
　　　　　　　　　　　野 木 村 忠 度

　　発 行 者　　　　　阿 部 成 一

　　〒 162-0041　東京都新宿区早稲田鶴巻町 514
　　発 行 所　株式会社　成 文 堂

　　電話　03（3203）9201（代）　Fax　03（3203）9206
　　　　　　http://www.seibundoh.co.jp

印刷・製本　三報社印刷

定価（本体1800 円＋税）